科学探索与发现·自然密码

SHIJIEWENHUATANMI
世界文化探秘

▶ 王春洪◎编著

企业管理出版社
ENTERPRISE MANAGEMENT PUBLISHING HOUSE

图书在版编目(CIP)数据

世界文化探秘/王春洪编著.—北京:企业管理出版社,2014.2

(科学探索与发现.自然密码)

ISBN 978-7-5164-0693-9

Ⅰ.①世… Ⅱ.王… Ⅲ.①世界史-文化史-普及读物 Ⅳ.①K103-49

中国版本图书馆CIP数据核(2014)第018794号

书　　名	世界文化探秘
作　　者	王春洪
选题策划	申先菊
责任编辑	申先菊
书　　号	ISBN 978-7-5164-0693-9
出版发行	企业管理出版社
地　　址	北京市海淀区紫竹院南路17号　邮编:100048
网　　址	http://www.emph.com
电　　话	总编室(010)68701719　发行部(010)68701073
	编辑部(010)68456991
电子信箱	emph003@sina.cn
印　　刷	北京一鑫印务有限责任公司
经　　销	新华书店
规　　格	160毫米×230毫米　16开本　13印张　140千字
版　　次	2014年4月第1版　2015年5月第2次印刷
定　　价	30.00元

版权所有　　翻印必究·印装有误　　负责调换

前　言

　　文化是人类历史的产物，是全世界精神财富的总和。它无穷无尽又无处不在，耐人寻味且令人陶醉。文化孕育了世界，并影响着人类的未来。在人类文化漫长而辉煌的进程中，还存在着众多悬而未决的未解之谜。它们所散发的神秘魅力，像磁石般吸引着人们好奇的目光。

　　人类生活着的地球是美丽的，它的美丽不仅在于长存于天地之间的景观，也在于它即将消逝的珍奇。为了留住曾经的辉煌，人们作出了种种的努力，其中最具影响力的一项举措就是联合国教科文组织于1972年通过的《保护世界文化和自然遗产公约》，与它同时的还有联合国教科文组织世界遗产委员会的成立。这些举措的终极目的就是呼吁世界人民为合理保护和恢复全人类共同的遗产作出积极贡献，倡导对文化遗产、自然遗产的保护。鬼斧神工，让我们珍惜和爱护母亲的自然杰作；厚德载物，让我们共同保护人类文明的文化遗产。

　　这些人类历史上神秘的文化现象包括地理名胜、历史考古、政治军事、经济科技、文学艺术、宗教民俗、自然生物、古代文明8个部分。

　　这8个部分的内容分别探寻了卡帕多基亚地下城市之谜、英国巨石柱群之谜、印加神奇的巨石建筑、空中花园之谜、史前文明之谜、印第安人石刻之谜、苏美尔文化之谜、居鲁士之谜、拿破仑死因之谜、古印度人制造宇宙飞船之谜等人类文化谜团；并进而探讨总结了太阳门是外星人之门吗，"萨索里"文字是世界上最古老的文字吗，亚历山大图书馆是怎样毁灭的、古希腊人制造过齿轮计算机吗，无线电是谁发明的、是谁杀害了普希金等世界文化史上颇有争议并悬而未决的问题。这些世界文化遗产是大自然和人类祖先创造的杰作，人类应当将其研究清楚并且薪火相传。

本书对目前人们所面临的这些神秘现象给予了深入浅出、精辟生动的剖析，科学、严谨、客观地为青少年读者们展现了世界文化史上一个个悬案。也许，这些悬案能使读者们受到某种启迪，引发探索奥秘的激情……

为了满足广大青少年朋友对璀璨的文化以及神秘自然探秘寻幽的兴趣，编者从全新的视角研究和探索这些经典的文化谜题，在参考大量的文艺典籍、历史资料、研究专著，并结合最新研究成果的基础上，精选了最有代表性的、著名的世界文化之谜，和读者朋友一起寻幽探秘，让每一位读者徜徉其中，身临其境。也让读者能够近距离感受古老文明的魅力和历史文化的底蕴。

编者将引领读者发挥最大的想象去体验思考与发现的乐趣。由于编者学识和经验有限，本书难免存在不足，欢迎广大读者批评指正。

目 录

地理名胜

卡帕多基亚地下城市之谜 …………………………………… 3

英国巨石柱群之谜 …………………………………………… 5

印加神奇的巨石建筑 ………………………………………… 7

消失的楼兰古国 ……………………………………………… 11

空中花园之谜 ………………………………………………… 14

历史考古

史前文明之谜 ………………………………………………… 19

楔形文字是怎样起源的 ……………………………………… 23

太阳门是外星人之门吗 ……………………………………… 26

印第安人石刻之谜 …………………………………………… 29

无人能破解的彭水石刻天书 ………………………………… 30

人类社会始于"石器时代"还是"木器时代" …………… 32

菲斯托斯圆盘上印着什么 …………………………………… 34

苏美尔文化之谜 ……………………………………………… 38

古希腊罗马羊皮纸典籍是如何保存和流传下来的 ………… 40

"萨索里"文字是世界上最古老的文字吗 ………………… 44

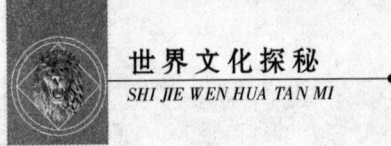

亚历山大图书馆是怎样毁灭的 …………………… 46

"黄金船队"海底沉宝下落如何 …………………… 50

政治军事

居鲁士之谜 ………………………………………… 55

提比留"自我流放"之谜 …………………………… 56

拿破仑死因之谜 …………………………………… 57

林肯总统遇刺之谜 ………………………………… 58

是谁处死了墨索里尼 ……………………………… 59

第三帝国最疯狂的士兵：一人歼灭数千美军 …… 61

戈林服毒之谜 ……………………………………… 63

隆美尔密藏的珍宝能重见天日吗 ………………… 64

拿破仑的战利品因何突然失踪 …………………… 68

经济科技

赫歇耳和他的反射望远镜 ………………………… 75

古印度人制造宇宙飞船之谜 ……………………… 77

古希腊人制造过齿轮计算机吗 …………………… 78

无线电是谁发明的 ………………………………… 80

先进的卫星返回技术 ……………………………… 83

文学艺术

《荷马史诗》的作者究竟是谁 …………………… 87

《我的太阳》指的到底是什么 …………………… 89

是谁杀害了普希金 …………………………………… 91

舒伯特终身未婚之谜 …………………………………… 94

莫扎特和"黑衣使者"之谜 …………………………… 95

宗教民俗

《圣经》的作者是谁 …………………………………… 99

印度尼西亚"千佛寺"之谜 …………………………… 102

海地巫毒教之谜 ………………………………………… 104

印第安人的"朝圣"源于何时 ………………………… 108

图腾起源于氏族标志吗 ………………………………… 109

非洲伏都教之谜 ………………………………………… 112

萨满教之谜 ……………………………………………… 115

圣者苦修未来 …………………………………………… 117

氏族内禁婚之谜 ………………………………………… 121

恐怖食人族 ……………………………………………… 123

矮人族之谜 ……………………………………………… 125

帕特农神庙的毁坏之谜 ………………………………… 127

古罗马圆形竞技场之谜 ………………………………… 130

文身是原始人"种痘"吗 ……………………………… 135

希马人生育之谜 ………………………………………… 137

情人节来历之谜 ………………………………………… 138

自然生物

"野人"、"雪人"究竟是不是人 ……………………… 145

3

"小矮人"人种为什么矮小 …………………………… 147

千古罕见的人腿鱼怪 ……………………………… 150

奇异的塔斯马尼亚尼虎灭绝之谜 ………………… 152

飞蛾扑光之谜 ……………………………………… 154

能在半空中停留的蜂鸟 …………………………… 155

为什么颜色也能充当植物生长的肥料 …………… 156

古代文明

最早的古文明之谜 ………………………………… 161

玛雅古文明之谜 …………………………………… 169

古格古文明之谜 …………………………………… 188

罗马古文明之谜 …………………………………… 193

地理名胜

世界文化探秘

卡帕多基亚地下城市之谜

　　卡帕多基亚是土耳其的旅游胜地，这里的格尔里默谷地，有许多火山沉积物，上面耸立着许多奇形怪状的石堡，看上去很有点像月球的表面。这些石堡是火山熔岩硬化后，经风雨侵蚀而形成的。早在公元八九世纪的时候，这里的居民就开始凿空石堡，并将其改装成各种各样的建筑物，其中甚至包括富丽堂皇的教堂。然而，真正让全世界轰动的发现却在地下，因为在这里，人们陆续发现了许多地下城市。其中大部分都能容纳成千上万人，其工程量、规模之浩大，令现代人也瞠目结舌

　　这些地下城市中最著名的一座在今代林库尤村附近。地下城市的入口一般隐藏在各种房屋下面，此外还有许多通风口延伸到地面。整个城市布满了地道和房间，倒是颇有些像电影《地道战》中的场景，只不过规摸要大得多。城市是立体结构，其中大部分的城市分为13层。代林库尤村的这座地下城市规模尤为浩大，仅最上

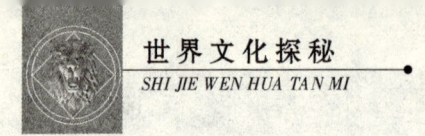

层的面积就有4平方千米，上面的5层加起来可容纳一万多人，最下层还建有蓄水池，用以储藏水源。城里还有52口通气井和15000条小型地道，而最深的通风井深达85米。

到目前为止，在卡帕多基亚地区，这样的地下城市已经发现了不下36座，虽然不是每一座都像上述的那么大，但都称得上是城市，能容纳至少数千人。而这些城市相互之间都用地道相连，其中不少地道长达十多千米，整个区域连成了一个巨大的"地下城市网"。熟悉这一地带的人认为，地下城市的数量，还远不止这些。

人们很自然地想到，这些地下城市是由谁建的？建于什么时候？用途又是什么？

对于这些问题，人们有着不同的见解。有人认为这些地下城市是早期基督教徒的杰作，他们曾最早在大约公元二三世纪就在此避难。可后来经过考证，他们并不是真正的建造者，地下城市在他们到来以前就已经存在了，因为考古学家们在城里发现了闪米特时代的器物。而这支古老的神权民族，大约在公元前一千多年，曾在这一地区生活过。至此，前两个问题的答案似乎应该已经没有疑义了。那么，闪米特人为什么要建造这些地下城市呢？

很自然的原因是为了躲避敌人，因为根据考证曾有至少30万人一齐涌进过这些地下城市，而把地下作为躲藏的地点也符合人们历来的习惯。但奇怪的是，城里有不少通气井延伸到地上，还设有厨房，而炊烟是很容易让他们暴露的，看过《地道战》的人都知道，地上的人要将地下暴露的人置于死地，是很容易的。

那么闪米特人为什么要干这样的傻事呢？难道他们惧怕的不仅仅是地面上的敌人？他们在地下岩石中开凿避难之所也是为了躲避

能飞行的敌人吗?

　　有人在闪米特人的圣书《科布拉·纳克斯特》中查到了一些关于所罗门大帝怎样利用一辆飞行器把这一地区搞得鸡犬不宁的描述。阿拉伯史学家阿里·玛斯乌迪就曾描述过他们的飞行,并介绍了这个神权主导一切的部族。其实人们挖地下城市在当时来说是完全可以理解的,因为他们对于这种飞行现象感到恐惧至极,所以每当有"他们来了"的报警呼喊声响起时,他们就自然而然地躲进了地下城市。

　　这会不会就是闪米特人所害怕的敌人呢?至于所谓的"飞行器",又是一个让人费解的问题,有不少人就马上联想到了外星人,因为那时的人们应该连风筝也没有,更不用说飞机了。

　　究竟实际情况如何,恐怕又是个难以解开的谜了,只有等待时间让它水落石出。

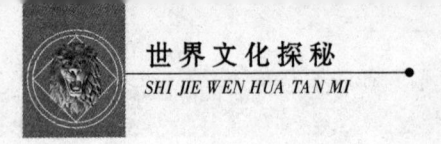

的条石制成的,其中有些柱顶之间,还横架着大石板,犹如一座座空中天桥。

单从石柱群本身来看,它们像一个个巨人屹立在那里,显得非常壮观。再看石柱群影子的自然景色更加为人赞叹,每年夏至前后数天,这里的白昼最长,每天凌晨4时59分,火红灿烂的太阳已从东方的地平线上冉冉升起。由于太阳的斜射,一条又一条石柱的影子躺在大地上,纵横交错,构成十分奇妙的图案,使人顿觉石柱群之巨大。

这些巨大的石柱群建于公元前哪个世纪,是5000年前还是7000年前?如果是史前古人曾在英国居住过的话,这是否就是他们留下的建筑物?如果是的话,他们建造如此巨大的石柱的目的是什么?这些谜一样的问题,经过不少科学家、历史学家、考古学家在长达几个世纪的研究、考察之后,至今仍未有答案。有人曾假设,这是史前古人建造的,但是,在史前那样低下的生产水平条件下,这些巨石又是怎样开采的?如何搬运来的?如何将它们竖立起来的呢?还有那柱顶的石板又是如何架放上去的呢?这些谜团,无人能够解答。

对巨石柱群的研究始终没有中止过。数年前,为了敷设电缆,需要掘开地面。在挖掘过程中,工程人员在石柱群附近发现一个地下大洞,于是请考古学家进行研究。考古学家认为,这虽是一个大洞,可洞里没有有关石柱来源的遗迹。然而,考古学家证实,这个大洞是曾经立过石柱的地方,因为这个大洞恰巧在附近一条石柱的北面。这两根石柱,一南一北可能是一对,是古人用来观察日出现象的工具,因为夏至日来临的时候,太阳是从这两根石柱的中间升起来的。考古学家还认为，这个洞里已消失的那根石柱和它南面的那根石柱，是其他石柱群结构的一部分，有着各自的用途。英国天文学家从这些石柱的排列和结构进行推测，认为这些石柱是古人用来观测日食与月食的。

但是，谜底最终还是没有找到。假定考古学家和天文学家的看法是可靠的话，那么，难道史前古人就已有如此高深的天文学知识吗？就算他们已经掌握了那些精深的天文学知识，那么从当时的技术条件来看，他们又是如何开采、搬运、竖起这样巨大的石块石柱的呢？

有人认为，对于这些史前遗物，是否可以从外星人这个角度来进一步研究？也就是"神仙下凡的问题"，会不会是别的星球上技术极为发达的太空人，来到地球时所留下的杰作。这个谜团只能留待今后由科学家去解答了。

印加神奇的巨石建筑

印加要塞萨克塞胡阿曼位于秘鲁城市库斯科3500米的高山上。设计建造者无疑是印加人，因为使用磨去棱角的巨型方石进行建筑的方式是整个印加帝国的风格。要塞上方的巨石石圈像是日历，也可能是一座巨塔的塔基。

说它是遗址，多少有些名不副实。那里散落着大大小小叫不出名字的石块，不知是哪座建筑物的遗址，早已面目全非。本来人们认为这是一座印加采石场，然而却不是。同以前的一些印加采石场相比，它完全是另外一种样子。

平台上是切割工艺一流的巨石，这些岩石像是一种拼图游戏中的方块板，每一块都加工过了。没有一位考古传教士能让我们相信，是令人敬仰的大自然施了魔法，磨圆石头的棱角，把表面仔细抛光，又任性地将巨石置于大自然的风景之中。

在印加要塞正后方，人们又发现了足以证明其神秘性的、经过加工的整块巨石。没有一处使用过灰浆或是水泥这样的黏合剂，石块之间的拼接可谓天衣无缝。难道印加人凭着简陋的石镐就能完成这一杰作吗？可是石块之间的空间如此狭小，根本容不下他们挥动石头工具呀！

有一块高8米的碎块，像是混凝土浇铸而成。但又不是混凝土，和其他石块一样，是天然的花岗岩石。细如发丝的抛光层穿过岩壁，自上而下——这就证明，这块大石头是一座更大建筑的组成部分。

它是什么建筑？不知道。可以肯定的一点是，在这上面，曾有人像做奶酪一样对付过那些大石头。还有，西班牙征服者来到秘鲁高原的时候，这些奇怪的大石头就已经在那里了。确实让人费解。

普玛·普库所应用的技术给人的印象更加深刻。此地海拔4000多米，距今天玻利维亚的的的喀喀湖不远。能登上这个高度的游客本来就少之又少，加之向导通常会领游客去看相邻的蒂亚瓦纳科，所以很少有人去看看普玛·普库。蒂亚瓦纳科著名的太阳门高3米、宽4米，由一整块石料制成，48座奇特的雕像站立于主神两侧。

在我们这个星球上，的确有一些无法解释的谜。通往普玛·普库的路上就有一块闪长岩，上面有不同的壁洞和横线脚。不知留出的地方要做什么用。

上面有宏伟的走廊和平台。最大的平台长40米，宽7米，高2米，估计巨石重达1000吨！边墙和地板东倒西歪，杂乱无章，由花岗石、安山岩和闪长岩构成。最后是一块坚硬无比的灰绿色深层岩。建造平台的整块巨石加工得非常精细，经打磨和抛光，如同以最先进的机器、硬钢铣刀和钻机制作出来的一样。一望无际的石料，拼合成一个整体。我们无法想象，几千年前完整的普玛·普库城是什么样子。请看几个应用技术的例子：

——块10米高的闪长岩自上而下有一道头发粗细的凹槽，上面每隔几厘米冲一个洞。对付异常坚硬的闪长岩，骨头、木头、绳子、沙子、火石、铜或是铁制工具都是没有用的。那么用的是什么呢？

另一块建筑石料长2.78米，宽1.75米，高度适中，为88厘米。6个面大小不等，每个独立的面都在不同的平面上。形状不同，是大大小小的矩形和正方形。

今天，制作这样的精密产品，必须动用钢铣刀和钻机。将备好的模子放在石面上，任何细微的误差都会废掉这件产品。那个设计者是谁，绘图员又是谁呢？

还有那个预制建筑构件！大石块正面钻出两个壁洞，后面是小矩形。它使人联想到加勒比海人的啮合锁。

加工这些石头绝非用作消遣，而是服务于一个整体，一个更大

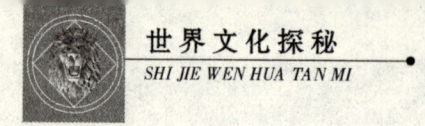

的工程。两块配套的石头需要严丝合缝,还有啮合楔子的设备,否则关上以后,铁框和铁锁就会劈开了。

人们做了这样一个试验:将其中3块预制构件的准确数据输入电脑,算一下哪块和哪块相配。一眨眼的工夫,就全部组装好了。凹槽和轨道咬合得天衣无缝,预制构件形成一道围墙。没有灰浆,没有缝隙,抗震性能极佳。

还有更神奇的事呢!人们原本以为巨型平台是用木夹或钢夹堆到一块的。可是这两种材料都承受不了这个重量的压力和拉力。别忘了我们是站在海拔4000米的高原,夜里气温多在0℃以下,到了白天才会缓慢回升。

秘鲁城市库斯科和玻利维亚普玛·普库证实了一种无法归类的技术。考古学者确信,普玛·普库为聚居于的喀喀湖周围的印加部落阿玛拉于公元600年所建。但是各位,阿玛拉人尚不能识别任何金属,包括铜铁,更不用说写字了。

毋庸置疑,这里的一切建筑工程都是按计划进行的,预制部件便是证明,每一处细节都显示出其技术的先进。制定这样的规划是要有一定文字知识的。因为要考虑到各种情况,还要不断地计算和调试——采石场的石匠最终要知道,在哪个地方留空,哪个地方镶边,没有文字资料什么也干不成。

谁是建造者?据印第安人传说,诸神在一个漫漫长夜建起了普玛·普库城。

诸神所建?那么是哪些神呢?是传说中的神秘大师吗?或是来自宇宙、来自外星的智能生物?这还有待于进一步考察。

消失的楼兰古国

1900年3月,瑞典探险家斯文·赫定沿塔里木河向东,到达孔雀河下游,想寻找行踪不定的罗布泊。3月27日,探险队到达了一个土岗。这时,糟糕的事情发生了,斯文·赫定发现他们带来的水泄漏了许多。在干旱的沙漠中,没有水就等于死亡。于是他们去寻找水源,结果发生了令人难以置信的一幕,一座古城出现在他们的眼前:有城墙,有街道,有房屋,甚至还有烽火台。

斯文·赫定在这里发掘了大量文物,包括钱币、丝织品、粮食、陶器、36张写有汉字的纸片、120片竹简和几支毛笔……

回国后,斯文·赫定把文物交给德国的希姆莱鉴定。经鉴定,这座古城是赫赫有名的古国楼兰,整个世界震惊了,许多国家的探险队随之而来……经历史学家和文物学家长期不懈的努力,楼兰古国神秘的面纱被撩开了一角。

楼兰在历史上是丝绸之路上的一个枢纽,中西方贸易的一个重要中心。司马迁在《史记》中曾记载:"楼兰,姑师邑有城郭,临盐泽。"这是文献上第一次记载楼兰城。西汉时,楼兰的人口总共有14000多人,商旅云集,市场热闹,还有整齐的街道,雄壮的佛寺、宝塔。

古楼兰位于今新疆巴音郭楞蒙古自治州若羌县罗布泊西岸,是新疆最荒凉的地区之一。这里悠久的历史、天方夜谭似的传说故事令人神往；它神秘地在地球上消失，又意外地出现，引起多少人的兴趣——许多中外游人和探险家都不辞辛劳地沿着丝绸之路向西进发，去目睹这座历史文化名城——古楼兰。1979年1月，我国已故科学家彭加木就曾从孔雀河北岸出发，徒步穿过荒漠到达楼兰遗址考察。

楼兰古城四周的墙垣，多处已经坍塌，只剩下断断续续的墙垣孤伶伶地站立着。城区呈正方形，面积约10万平方米。楼兰遗址全景旷古凝重，城内破败的建筑遗迹了无生机，显得格外苍凉、悲壮。

楼兰古城曾经是人们生息繁衍的乐园。它身边有烟波浩森的罗布泊，门前环绕着清澈的河流。在碧波上泛舟捕鱼，在茂密的胡杨林里狩猎，人们沐浴着大自然的恩赐。据《水经注》记载，东汉以后，由于塔里木河中游的注滨河改道，导致楼兰严重缺水。敦煌的索勒率兵1000人来到楼兰，又召集鄯善、焉耆、龟兹三国兵士3000人，不分昼夜横断注滨河，引水进入楼兰，缓解了楼兰缺水的困境。但在此之后，尽管楼兰人为疏浚河道作出了最大限度的努力和尝试，但楼兰古城最终还是因断水而废弃了。楼兰古城消失是巨大的损失！

1979年，新疆考古研究所组织了楼兰考古队，开始对楼兰古城古道进行调查、考察。在通向楼兰道路的孔雀河下游，考古队发现了大批的古墓。其中几座墓葬外表奇特而壮观：围绕墓穴是一层套一层共7层由细而粗的圆木，圈外又有呈放射状四面展开的列木。整个外形像一个大太阳，不由得让人产生各种神秘的联想。它的含义究竟是什么，目前还是一个未解之谜。

说法一：楼兰消失于战争。公元5世纪后，楼兰王国开始衰弱，北方强国入侵，楼兰城破，后被遗弃。

说法二：楼兰衰败于干旱、缺水，生态恶化，上游河水被截断后改道，人们不得不离开楼兰。楼兰曾颁布过迄今为止发现的世界上最早的环境保护法律。

说法三：楼兰的消失与罗布泊的南北游移有关。斯文·赫定认为，罗布泊南北游移的周期是1500年左右。三千多年前有一支欧洲人种部落生活在楼兰地区，一千五百多年前楼兰再次进入繁荣时代，这都和罗布泊游移有直接关系。

说法四：楼兰消失与丝绸之路北道的开辟有关。经过哈密（伊吾）、吐鲁番的丝绸之路北道开通后，经过楼兰的丝绸之路沙漠古道被废弃，楼兰也随之失去了往日的光辉。

说法五：楼兰被瘟疫疾病毁灭。一场从外地传来的瘟疫，夺去了楼兰城内十之八九居民的生命，侥幸存活的人纷纷逃离楼兰，远避他乡。

说法六：楼兰被生物入侵打败。一种从两河流域传入的蝼蛄昆虫，在楼兰没有天敌，生活在土中，能以楼兰地区的白膏泥土为生，成群结队地进入居民屋中，人们无法消灭它们，只得弃城而去。

空中花园之谜

一提到巴比伦文明，令人津津乐道、浮想联翩的首先是"空中花园"。它被誉为世界八大奇迹之一。

巴比伦的空中花园当然不是吊于空中，这个名字的由来纯粹是因为人们把原本除有"吊"之外，还有"突出"之意的希腊文"kremastos"及拉丁文"pensilis"错误翻译所致。

千百年来，关于"空中花园"有一个美丽动人的传说。新巴比伦国王尼布甲尼撒二世娶了米底的公主米梯斯为王后。公主美丽可人，深得国王的宠爱。可是时间一长，公主愁容渐生。尼布甲尼撒不知何故，就去问公主。公主说："我的家乡山峦叠翠，花草丛生。而这里是一望无际的巴比伦平原，连个小山丘都找不到，我多么渴望能再见到我们家乡的山岭和盘山小道啊！"

原来，公主是得了思乡病。于是，尼布甲尼撒二世令工匠按照米底山区的景色，在他的宫殿里，建造了层层叠叠的阶梯型花园，上面栽满了奇花异草，并在园中开辟了幽静的山间小道，小道旁是潺潺流水。工匠们还在花园中央修建了一座城楼，矗立在空中。巧夺天工的园林景色终于博得了公主的欢心。

由于花园比宫墙还要高，给人感觉像是整个御花园悬挂在空中，因此被称为"空中花园"，又叫"悬苑"。当年到巴比伦城朝拜、经商或旅游的人们老远就可以看到空中城楼上的金色屋顶在阳光下熠熠生辉。所以，到公元2世纪，希腊学者在品评世界各地著名建筑和雕塑品时，把"空中花园"列为"世界七大奇观"之一。从此以后，"空中花园"更是闻名遐迩。

令人遗憾的是，"空中花园"和巴比伦文明其他的著名建筑一样，早已淹没在滚滚黄沙之中。我们要了解"空中花园"，只能通过后世的历史记载和近代的考古发掘。

不过也有些记载虽然提到了"空中花园"，但认为传说中的"空中花园"并不是由尼布甲尼撒二世建造的，而是一位叙利亚国王为取悦他的一个爱妃而特意修筑的。有些记载甚至认为传说中的"空中花园"实际上指的是亚述国王辛那赫里布在其都城尼尼微修筑的皇家园林。

19世纪末，德国考古学家发掘出了巴比伦城的遗址。他们在发掘南宫苑时，在东北角挖掘出一个不寻常的、半地下的、近似长方形的建筑物，面积约1260平方米。这个建筑物由两排小屋组成，每个小屋平均只有6.6平方米。两排小屋由一条走廊分开，布局对称，周围被高而宽厚的围墙所环绕。西边那排的一间小屋中发现了一口开了3个水槽的水井，一个是正方形的，两个是椭圆形的。根据考古学家的分析，这些小屋可能是原来的水房，那些水槽则是用来安装压水机的。因此，考古学家认为这个地方很可能就是传说中的"空中花园"的遗址。当年巴比伦人用土铺垫在这些小屋坚固的拱顶上，层层加高，栽种花木。至于灌溉用水是依靠地下小屋中的压水机源源不断供应的。考古学家经过考证证明，那时的压水机使用的原理和我们现在使用的链泵基本一致。它把几个水桶系在一个链带上与

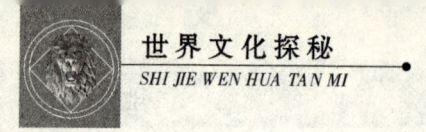

放在墙上的一个轮子相连，轮子转动一周，水桶就跟着转动，完成提水和倒水的整个过程，水再通过水槽流到花园中进行灌溉。这种压水机现在仍在两河流域广泛使用。而且，考古学家也的确在遗址里发现了大量种植花木的痕迹。然而，到目前为止，在所发现的巴比伦楔形文字的泥版文书中，还没有找到确切的文献记载。因此，考古学家的解释是否正确仍需进一步研究。总之，传说中"空中花园"的真实面目依旧隐身于历史的迷雾之中。

历史考古

史前文明之谜

1968年夏,自称是岩石狂的梅斯特在犹他州羚羊喷泉度假时,意外地发现了三叶虫的化石。三叶虫是一种节肢动物,生长于距今5亿年的寒武纪和奥陶纪。令他吃惊的是,化石上居然有人的脚印!脚印长26厘米,后跟比脚掌深0.3厘米。无独有偶,一位名叫比特的教育家在同一地点也发现了带脚印的三叶虫化石,还有两个穿凉鞋的脚印。1个半月后,地质学家伯狄克又在同一地区发现了一块5个脚趾隐约可见的泥岩。要知道,5亿年前连与人脚相似的猴子、熊等动物都没有,更不要说人类了!

1972年9月25日,法国一家工厂在加工从非洲加蓬共和国奥洛克铀矿进口的铀时,意外地发现这些铀已被人用过。曾任美国原子能委员会主席的诺贝尔奖得主格兰·西伯格说,只有同时使用极纯净的水,并且有极精确的裂变条件,铀才能被利用。遗憾的是地球上从来没有过这种纯天然的纯净水。为此,科学家到矿区考察,

惊奇地发现了一个古老的"核反应堆"。经考证,奥洛克铀矿成矿于20亿年前,成矿不久"核反应堆"就开始运转了,估计大约已运转了50万年,使用过500吨铀矿石,但输出功率只有100千瓦。是谁,在人类诞生以前设计了如此的高科技产物呢?

几年以后,有人在瓦什长河岸上发现了一块拳头般大小的闪着白光的石头。经测定,这是一块不含铀的衰变物的合金,其中67%为锡,10.9%为镧,8.7%为钕,还含微量的铁、镁、铀、钼。石块的生成距今已10万年。自然界中没有这样的天然物,人工合成需要极微细的粉末原料和几十万个大气压的冷压技术。这样的设备和技术,即使在今天,也难以做到。那么,这块合金由谁,又是怎么制造的呢?

此外,远古时代还有各种各样人类的设备和技术无法企及的伟大文明的创造。例如,在西班牙北部几个荒无人烟的山洞里,发现了距今28000年旧石器时代的雕刻和绘画。这些发现起先被人们怀疑为诋毁达尔文进化论的阴谋,后来考古学家从所在地区的地下发掘出了和画上一致的野兽的骨骸。据考证,这些动物大多为远古时代的珍禽奇兽,如骏犁,有的也早在许多世纪前在欧洲绝迹。

这些画是在幽深、宽敞的漆黑洞穴里发现的,有的在洞顶,有的在四壁,酷似教堂壁画,因而被称为"史前艺术的西斯廷教堂"。这些作品已不只是写实,而且透着修养有素的艺术家的敏感和灵气。在阿尔塔米拉的一个山洞里,长18米、宽9米的洞顶上,画着17只活灵活现的骏犁,它们有的正以爪子抓挠地面,有的躺卧,有的怒吼,有的被长矛刺伤,神情上表现出濒于死亡的痛苦;在它们的周围还画着一群野公猪、一匹马、一头雌鹿和一只狼;而在纵横交错的洞穴里,则画着许多现代人见所未见的动物;当然,也有不少动物是现代人熟悉的,例如马、野牛、野猪、梅花鹿等等。从画中能看出如今已成为家畜的一些动物野生时代的野气和蛮劲。画家们精湛的绘画功底在今天看来仍具有较高的艺术造诣。

更令人百思不得其解的是那些古代岩画中酷似现代风格的人物服饰。1912年,有人在西南非洲的纳米比亚的布兰德比尔格山上,在描绘动物的壁画中,发现了一幅描绘白人贵妇的原始岩画。贵妇身穿短袖套衫和紧绷臀部的马裤,戴着手套,系着吊袜带,着便鞋。她身边站着的一位男子,戴着非常复杂的面具和头盔。在被考古学家确定为真品的法国卢萨克史前壁画中,人物穿着夹克衫。澳大利亚阿纳姆高地岩画中的人物,甚至穿着宇宙服,戴着装有类似天线,有观察小孔的头盔,宇宙服上有明显的拉链。泰国南部攀牙府的岩画上出现了头戴头盔,身背呼吸过滤器,腰系电筒,着背带裤的机器人。凡此种种,人们不禁要问:是现代人受着人类先民在天之灵的启示,缝制了这样的衣饰,还是某种神奇的力量使我们的祖先跨越时空,在赤身裸体的荒蛮时代,充分想象了几千年上万年以后子孙的服饰?

林林总总的令人迷惑不解的史前遗迹对认为人类文明是一个从低级向高级逐渐向前、向上发展和进化的传统观点无疑是一个严峻

的挑战。1977年,雷内·诺尔伯根指出,面对我们无法解释的诸多遗址、遗物,我们应该以一种全新的方式来探索人类的文明史了。

1998年,有学者根据考古学家和人类学家关于人类直立行走的研究,确定现今人类形成于400万年前,而地球诞生于45亿年以前。世界万物都是从无到有,从有到无,生生灭灭,地球上的高等物种及其智慧很可能也是从无到有,从有到无,生生灭灭的。据测算,大约20亿年前,地球上存在过高度文明的生物,由于地球大灾变以及亿万年的自然变迁,这些文明成为残存物。也有古生物学家推论:大约在5亿年前、3.5亿年前、2.3亿年前、1.8亿年前以及最后在6500万年前,地球经历了毁灭性大灾变,使当时创造的文明毁灭殆尽。每次大灾变都会使文明出现断裂。在延续至今的这次文明和上一次文明之间的断层大约发生在公元前12000年至公元前10000年。

与是否存在星外文明一样,是否存在地球的几度文明也是迄今为止的考古手段和技术无法确证的,为此,研究者之间展开旷日持久的论战亦可想而知。我们期望,随着科学技术的发展,考古的手段和技术能有突破性发展,地球上是否存在几度文明的悬案终有一天大白于天下。

楔形文字是怎样起源的

1472年,一个名叫巴布洛的意大利人在古波斯(即今天的伊朗)游历时,在设拉子附近一些古老寺庙残破不堪的墙壁上,见到了一种奇怪的、从未见过的字体。这些字体几乎都有呈三角形的尖头,在外形上很像钉子,也像打尖用的木楔,有的横卧着,有的则尖头朝上或者朝下,还有的斜放着,看上去像是一只尖利的指甲刻上去的。巴布洛非常诧异。这是文字吗?还是别的什么?他带着这种疑惑回到了意大利。但是,当时没有人对他在西亚的这个发现感兴趣,人们很快淡忘了这件事。欧洲人并不知道,这就是楔形文字。

一百多年后,又有一个意大利人造访了设拉子,他就是瓦莱。瓦莱比巴布洛要勤奋,他把这些废墟上的字体抄了下来。后来,他在今天伊拉克的古代遗址,又发现了刻在泥板上的这种字体,因此他断定这一定是古代西亚人的文字。瓦莱把他的发现带回了欧洲,让欧洲人第一次知道了这样一种奇怪的文字。

通过近两百年对美索不达米亚的考古发掘,以及对大量泥版文献成功的译读,人们终于知道楔形文字是已知的世界上最古老的文字。它是由古代苏美尔人发明,阿卡德人加以继承和改造的一种独特的文字体系。巴比伦和亚述人也先后继承了这份宝贵的文化遗产，并把它传播到西亚其他地方。西方人最先看到的楔形文字，是伊朗高原的波斯人加以改造了的楔形文字，与苏美尔人、阿卡德人、巴比伦人以及亚述人使用的楔形文字有很大的不同。

但是，楔形文字究竟是怎样起源的一直是人类文化史上的未解之谜。这个问题争论了近两世纪。长期以来有下列两种观点盛行。

传统的考古学家和历史学家认为，楔形文字起源于美索不达米亚特殊的渔猎生活方式。这是较为通行的看法，西方的各种百科全书大都持这一观点。

也有学者持不同见解，认为楔形文字的起源与古代苏美尔地区发达的社会组织有密切关系，前苏联科学院编的《世界通史》就持这一观点。该书在论述楔形文字的发明时写道："两河流域各族人民文化的最大成就，就是文字的创造。公元前第四千纪中叶，苏美尔人就有了文字的胚胎。为了行政管理，它需要比较有条理的通讯，于是，这种文字的胚胎变成了真正的文字。"上述两种观点长期并存，相持不下。

然而，20世纪70年代起，考古天文学家却提出了一个爆炸性的观点，认为楔形文字起源于6000年前的一次天文事件——船帆座×号超新星的爆发，从而引起世界学术界对楔形文字起源的新一轮争论。

这一观点起源于一个苏美尔学专家的假设。苏美尔学专家乔治·米查诺斯基在对楔形文字的研究中发现了一个现象，即在较早的泥版文书记载中大量出现对同一颗星的记录，因此他提出了苏美尔文明的起源与这颗星有关的假设。1980年，美国国家航空和宇宙航行局的天文学家里查德·斯特塞经过精确计算，论证了这一假设的合理性。他认为，米查诺斯基所说的这颗文明之星，就是6000年前爆发的船帆座×号超新星，这是人类历史上能记忆的最大一次天文事件。这颗星在今天只能勉强分辨，但在6000年前，其光芒可以在白天与太阳同辉，夜晚与月亮并悬，在两河的水面上拉开了一条长长的光带。可以想象，这种神秘的自然现象给早期人类带来的心理影响是巨大的。他们对这颗星的敬畏和崇拜演化成了神话和宗教，关于这颗星的图画就演变成了最初的文字。专家们果然发现，在楔形文字中最早和最多使用的两个字是"星"和"神"，而这两个字惊人地相似。

来自自然科学的探索是令人振奋的，它对楔形文字的起源提出了全新的见解。但是，很多学者也提出了怀疑，一颗新星的爆发是否真的具有创造人类文明的威力？这是否说明，楔形文字与世界上其他文字发展的一般规律完全不同？另外，来自亚述和巴比伦的考古发掘成果也证明，美索不达米亚人确实把文字看得很神圣，对文字极其敬畏，认为人生的命运是靠文字规范的。因此他们常常随身佩戴刻有文字的护身符，修建神庙或宫殿时也常常在地基中放置文字碑板，向神祈祷。凡此种种，都给楔形文字蒙上了一层神秘色彩。

太阳门是外星人之门吗

位于世界上最高的淡水湖——的的喀喀湖东南21千米、海拔4000米高的层峦叠嶂的安第斯高原上，有一座前印加时期的蒂亚瓦纳科文化遗址。自1548年西班牙殖民主义者发现了这个被印加人称作蒂亚瓦纳科的小村落，并向外界报道后，以精美的石造建筑为特征的蒂亚瓦纳科文化就此著称于世。自那以后，围绕这个遗址是什么时代建造的、由何人建造的、究竟是什么所在整整讨论了4个多世纪。

这是一个星散在长1000米、宽400米的台地上的大遗迹群，地处太平洋沿海通往内地的重要通道上。遗址被一条大道"劈"为两半，大道一边是占地210平方米、高15米的阶层式的阿加巴那金字塔，另一边是由长118米、宽112米的台面组成的卡拉萨萨亚建筑。该建筑至今仍完好无损，四周围有坚固的石墙，里面有梯阶通向地下内院，坐落在西北角的就是就美洲古代最卓越、最著名的古迹之一——太阳门。它被视作蒂亚瓦纳科文化的最杰出的象征。

蒂亚瓦纳科文化是公元5世纪到公元10世纪之际，影响秘鲁全境的一支文化。作为该文化的代表，太阳门由重达百吨以上的整块巨型中长石雕镌而成，造型庄重，比例匀称。它高3.048米，宽3.962米，中央凿一门洞。门楣中央刻有一个人形浅浮雕神像，人形神像的头部放射出许多道光线，双手各持着护杖，在其两旁平列着3排48个较小的、生动逼真的形象，其中上下两排是面对神像的带有翅膀的勇士，中间一排是人格化的飞禽，浮雕展现了一个深奥而复杂的神话世界。这块巨石在发现时已残碎，1908年经过整修，恢复旧观。据说每年9月21日黎明的第一缕曙光总是准确无误地射入门中央。

在印加人创造蒂亚瓦纳科文化的年代，尚未使用有轮子的运输工具和驮重牲畜，因此在这云岚缭绕、峭拔高峻的安第斯高原上建造起如此雄伟壮观的太阳门，实在是不可思议。16世纪中叶，西班牙殖民主义者见到这座庄严的古建筑时，曾认为是印加人或艾马拉人造的。但艾马拉人不同意此说，认为太阳门远为古老，是太阳神维拉科查开辟天地，建造了太阳门和蒂亚瓦纳科其他各种动人心魄的建筑群。欧美大百科全书叙述了两种传说，一个传说说是太阳由一双看不见的手在一夜之间建造起来的；另一传说说是那些雕像原是当地居民，后来被一个外来朝圣者变成了石头。长期定居在拉巴斯的奥地利考古学家阿瑟·波斯南斯基则在20世纪上半期提出一个假想，认为该文化年代可上溯到13000年前它建在一个巨大的甜水湖岸上，湖水来自融化了的冰河期的冰川，由科拉族、阿拉瓦族缔造了史前期的城市，后来火山爆发或其他自然灾祸毁灭了这古老城市和文明。然而上述这些说法仅是神话传说而已。

为弄清蒂亚瓦纳科文化的来龙去脉，美国考古学家温德尔·贝内特用层积发掘法证明该文化最早年代为公元 300～700 年，太阳门等建筑在公元 1000 年前正式建成。这里原是宗教圣地，朝圣的人群跋山涉水去那里举行朝拜仪式，可能就在朝拜的同时运来了建筑材料，建造了这些宏伟的建筑物。前苏联历史学家叶菲莫夫、托卡列夫也赞同这一观点。但问题是，当时的生产力极为原始，怎么把重上百吨的巨石从 5000 米外的采石场拖曳到指定地点呢？要完成这个任务至少每吨要配备 65 人和数千米长的羊驼皮绳，这样得有 26000 多人的一支庞大队伍，而要安顿这支大军的食宿，非得有一个庞大的城市，但这在当时还没出现。另有不少人认为，当初是用平底驳船从科帕卡瓦纳附近采石场经过的的喀喀湖运去石料的，据地质考查，当时湖岸与卡拉萨萨亚地理位置接近，后来湖面降低才退到现在的位置，如这一说法成立，那使用的驳船要比几个世纪后的殖民主义者乘坐的船还要大好几倍，这在那时也是不可能的事。

玻利维亚著名的考古学家、蒂亚瓦纳科考古研究中心主任卡洛斯·庞塞·桑西内斯和阿根廷考古学家伊瓦拉·格拉索用放射性碳鉴定，蒂亚瓦纳科始建于公元前 300 年，公元 8 世纪以前竣工，一般认为是在公元 5 至 6 世纪建造。建造者可能是安第斯山区的科拉人。他们都认为太阳门是宗教建筑。

印第安人石刻之谜

在秘鲁国立大学博物馆里,珍藏着一块30000年前的奇异石刻。石刻描绘一位古代印第安的学者,手持一个管状物贴近眼前,聚精会神地观测天象。

这块石刻引起了各国天文学家极大的兴趣,因为那个古代印第安天文学家手里所拿的东西跟现代的望远镜非常相像。而人们一般都认为,人类第一架望远镜是在17世纪由伽利略发明的,至今不过三百多年,那么,在遥远的30000年前,印第安人石刻中的望远镜又是从哪儿来的呢?

类似的珍奇石刻,在秘鲁国立大学博物馆还有14000块之多,它们描述了古代印第安人在天文、地理、生物、医学等领域令人难以置信的高度成就。

比如,其中有至今仍视为禁区的大脑移植手术,有精细得连血管也清晰可见的心脏手术;有精致的西半球地图,还有准确的星象图。

早在1525年,这些石刻就引起了一个叫做西蒙的教士的注意,他把这一发现写入著作。20世纪70年代,美国宇航局的约瑟夫·布鲁利克博士为了解开这些印第安人古代石刻之谜,特地到秘鲁进行了长时间的研究。他用种种科学方法对那些石刻进行分析,最后

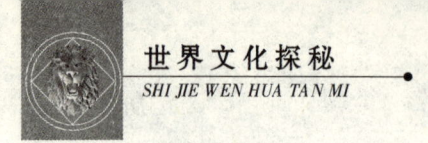

断定，那些石刻确是出自30000年前古代印第安人之手。

布鲁利克博士的这个结论，使大西洋研究家们大为振奋。因为在一幅石刻的大西洋地图上，赫然刻画着早已突然消失的大西洲图形。古希腊哲学家柏拉图在他的哲学著作中曾首次提到神秘而美丽的阿特兰蒂斯（大西洲）。

秘鲁的古代石刻再次为大西洲的存在提供了证据。这些印第安石刻也使研究"天外来客"的专家们欣喜若狂。秘鲁国立大学的人类学教授卡布勒说："如果那手持望远镜观天以及精细正确的外科手术图等，都是当时真实场面的写照的话，那么，可以证实'天外来客'曾在30000年前到过地球，并向人类传授过他们高度发达的科学技术知识。否则，那些印第安古代石刻的成因就很难解释。"研究"天外来客"的权威达尼肯也肯定地说：那些古代石刻"为'天外来客'曾访问地球提供了决定性的证据！"当然，这一结论还有待于科学家进一步考察和研究。

无人能破解的彭水石刻天书

在海拔一千多米的彭水县太原乡花园村9组的一座山上，有块神秘的石头，当地人称张飞岘石刻，1988年被列为县级文物保护单位。

千百年来，没人能看懂那块巨石上刻的是什么东西，它们是文字，还是符号？有人说是远古少数民族的文字，有人说是张飞用手指刻上去的,还有人说其中隐含了一幅藏宝图。

这是块坚硬的棱骨石,重约八九吨,座落在山梁上。巨石一面很平整,有6道人工打磨出来的深约半厘米、宽约20厘米、长约一米的凹槽,文字(符号)就一行一行地刻在凹槽中,当地村民称为"天书"。

1998年版《彭水县志》这样描述:"符号为阴刻,呈枝状、爪状、蚯蚓状,无环形、方形、三角形,个别略似象形状,不类甲骨文、钟鼎文,亦不类道家符咒。"

巨石有明显断裂痕迹,有些文字(符号)在断裂部位显得残缺不全。

近年来,当地政府将石刻拓片送到全国各地专家手中辨认,却无人能道出个所以然。

现存于彭水县文管所的《四川省文物档案》复件称,张飞岇石刻"据考证乃秦代以前所刻,据专家考证,既非甲金文,亦非大小篆,音义也不辨识。"

前些年,湖南工业大学一教授推测,这是古代彝族的一种文字。但重庆历史地理专业委员会常务理事、彭水县旅游局干部简文相却认为这种可能性不大。

还有专家提出,这可能是蚩尤部队的文字,因为彭水是苗族聚居的地方,而蚩尤正是苗族的祖先。在距张飞岇不远的地方,曾发现一个铜矿,出土了很多汉代的青铜器,传说蚩尤部落曾在这里练兵铸铜器。由于千百年来无人能解读石刻的意义,只能猜测,更加增添了它的神秘感。让人不解的是,诸多猜测均与石刻的名称不相符。

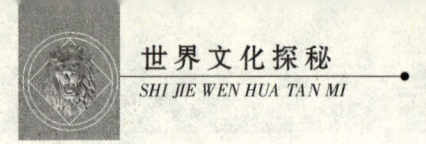
世界文化探秘
SHI JIE WEN HUA TAN MI

人类社会始于"石器时代"还是"木器时代"

人类社会历史始于石器时代,这是长期以来学术界一致公认的。我国有学者对此提出不同意见,认为人类历史上有一个早于石器时代的木器时代。其理由主要是:

1. 当代考古学已在欧洲、非洲、大洋洲找到了木器的痕迹。如1965年科学出版社出版的《石器时代文化》说:"欧洲已发现过两件旧石器时代早期的木器,其中一件是一个紫杉木的木矛的木梢……另一件是紫杉木做的矛头,尖端是用火烧法硬化过的";"在非洲早更新世(约公元前300万~前100万年)的静水堆积中也曾发现过木质的工具"。在我国周口店鸽子堂下部也发现了一块紫荆木炭和达6米之厚的木炭灰烬层。因此,考古学家贾兰坡在论述北京猿人的生产工具时也认为:"在当时条件下,最有力的狩猎武器还应该是木棒和火把。"(《周口店——"北京人"之家》)

2. 《商君书》、《吕氏春秋》、《易系辞》等古籍中都有关于人类最古祖先使用木质工具和武器的记载,而根本没有使用石器的记载。如《商君书》有"昊英之世"人们以"伐木杀兽"为生之说;《吕氏春秋》有"蚩尤之时"人民"剥木以战"之说;《易系辞》有"神农氏"时期"斫木为耜,揉木为耒","黄帝、尧、舜"时期又"断木为杵,掘地为臼"之说。

3. 目前尚处于原始社会的部落中,木器也是重要的生产工具和武器。例如,20 世纪 30 年代,人类学家考察原始部落达斯马尼亚人,发现他们投掷用的棍棒和投枪,"几乎能给予大动物以致命的打击"。秘鲁的原始部落的农具,是由尖锐的棒与脚踏的横木以及扫帚形的头组成。此外,人类学家考察澳洲土著民族时,也发现他们使用的投枪有多种形状,"长约三米之棒,其一端附之以柄,另一端附以木钩,此为主要形式";考察印第安人时,发现他们的武器为"极长之竹、木,以驼鸟之毛羽装饰之,其尖端则附以尖锐之木枪"。作为我们远古祖先的"活化石",从现存原始部落或以原始生活方式生存之民族中可推测,人类曾有过一个木器时代,它可能早于石器时代。

人类的祖先是从森林中走出来的,他们首先考虑使用的工具,自然而然会是木器。树枝随手可得,易于加工、折断和磨尖成木棒、木枪、木矛等工具。在随后的旧石器和新石器时代,木器的发达已使它成为一种工作母机来生产石器了。

上述观点一经发表,立即在学术界引起反响。一些学者纷纷撰文表示反对,坚持认为迄今发现的能够说明并且代表,人类在最初由于劳动所制造的工具是石器而不是木器。它早已为人类早期遗址所证明,石器时代也就很自然地成为人类原始社会的第一章了。他们还认为,在旧石器时代生产石器的加工工具中,木质工具是后起的,不能形成主流,木棒的加工和修理也只有在石器的基础上才能进行,不可能构成一个独立的"木器时代",尽管原始人零星使用过一些木质工具,但还不能构成一个独立阶段。

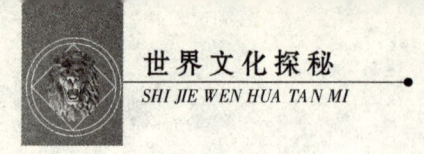

马克思主义创始人对从猿到人的过程作过深刻的研究与论述。马克思在《资本论》第1卷中指出，人类使用工具的进化顺序是："由粗木棍和打制得很粗笨的石器过渡到弓箭，过渡到制造石斧，过渡到骨器，最后过渡到应用金属"；恩格斯在《家庭、私有制和国家的起源》中也认为，人类"最初的武器即棍棒和戈矛。"列宁在《国家与革命》中指出，人类的最初阶段是"使用棍棒的猿猴群或原始人"。但马克思主义经典作家的论述还不能够证明人类社会始于"木器时代"。

人类社会始于石器抑或木器时代两种观点针锋相对，孰是孰非，学术界自有评说。然而，在这里至少提出了一个尚有待深入探讨的问题，即如何正确地认识和阐述作为人类原始社会中重要工具之一的木器的地位与作用。人类社会历史究竟是始于石器时代还是木器时代的争论，其意义也许就在这里。

菲斯托斯圆盘上印着什么

著名的菲斯托斯圆盘上印着什么？数十年来，多少人欣赏过它、研究过它，被它上面妙不可言的形符牵动着心绪。时至今日，还没有人识破盘上图形和符号的意义，更不知道它的用途。唯其如此，它就更令人着迷。

1908年，普尼在希腊克里特岛上第二大古代王宫——菲斯托斯王宫遗址进行考古发掘。当他清理王宫西北隅一个小室时,发现了这个圆盘。这个圆盘现藏克里特伊拉克林博物馆。这个圆盘其实是一块干硬的黄泥饼,直径约为17厘米,跟普通菜盘一般大小,不很厚,也不十分圆顺。别看这块泥饼貌不惊人,上面却印着"天书",谁也看不懂。

这盘的资历又非常老。据考察,它的诞生年代,大约在克里特的中青铜时代后期或者克里特新王朝时期(约公元前1700年—前1600年),正是繁华之时。该盘的年龄也当自此算起,如此说来,它已历经3600年左右的岁月沧桑了。

盘上神秘的形符和所历经的久远的年代,让人渴望了解有关它的一切。更令人惊奇的是,盘面上的形符是印上去的,印迹很清晰。大约是趁泥饼未干之时,用带有一定形符的金属印章向泥饼上印的。从盘两面的形符可以看出,形符出自一人之手,一时所为。在全部形符印好之前,为保持泥饼的软度,可能要用湿布包覆着它。印文印好干后基本无更动。据此,许多人指出,这盘堪称最早的活字印制品,或者说是一种朦胧的印制意识的体现。

盘面上印着什么?是一些符号或图像。其中有人像:男人、妇女、孩童,他们或站立或奔跑,还有双手反在背后好似俘虏的人;还有人体的某一部分:乳、头、戴羽毛头饰的头,脸上有花纹的头。人的头顶都朝向盘心,脚冲着盘的边缘。除人像外,还有工具和器具:水准仪、角规、锤子、刀、斧、陶瓶、梳子。还有动植物,羊(头)、猫(头)、鸟、鱼、牛角、马腿、橄榄枝、无花果枝、花,此外还有船、波浪线、兽皮、拳击手套、手铐、狼牙棒、弓、箭、圆盾及少数看不出是什么的图形。总计45种241个形象和符号。这些形符被竖线分隔成节,每节形符多少不等,多者7个,少者2个,其中含3~5个形符的节较多。有些形符反复运用。圆盘两面分别有30和31个这样的形符节,形符节以螺旋形排列。

这盘的功用是什么?那些形符能告诉人们什么?

有人说,从这盘的造形和出土地点看,它可能与宗教祭祀活动有关。一个个的形符可能表示一个词或一个词组。有的形符音节曾多次出现,有时呈规律性间隔;一些单个形符也几度重见,似乎有某种韵律和节拍。如果真是这样,那么这盘上印的很可能是一首颂歌,是献给神的。一些好似重音的符号可能是为了便于歌手演唱或朗诵者吟咏而标出的。著名的考古学家伊文斯甚至设想这盘上印的是献给雅典娜的两首颂歌。

哈蒙得则认为盘上印的是象形文字。有船、有亚洲人用的弓、羽毛头饰和圆盾,很可能是与战争有关的一篇文献。

还有人认为,盘上印的是账目或库存单。

谁是谁非,难以决断。

许多人试图释读这篇文献。

首先须知该文献的首尾,是从圆心向外,还是从外缘向圆心?两说互不相让。较为普遍的认识是,要从外缘向圆心而读,并且从左向右看下去。至于一个形符是否代表一个音节,一个形符节是否表示一个词或是一个词组,也不能肯定。

甚至这篇文献所用的是何种文字,目前也无法回答。

在圆盘发现之时,大家都以为那上面的形符或象形文字在克里特独一无二,可能是外来的。然而来自何方?有人提出,戴羽毛头饰的头像有规律地出现在许多词或词组的开头部分,从不见于中间或末尾，它很可能是一个限定词符号。又因曾入侵埃及的"海上民族"是戴羽毛头饰的，可以判定此盘当来自这些人的母邦。但是盘的属年（公元前17世纪）与"海上民族"活动的时期（公元前12世纪）又不一致，难圆此说。

伊文斯在吕西亚的一个青铜时代墓刻上发现3个房形符号与圆盘上形符类似，便提出圆盘可能来自小亚的西南某地，但又没有发现同样的或类似的盘。因为证据贫乏，假设便容易多，于是盘上文字属希腊语、闪米特语、巴斯克语、芬兰语等等说法争相问世，不一而足。

与此相反，还有人认为此盘并非舶来品，而是克里特岛所固有。因为在克里特中部阿卡罗荷里洞中发现的一把青铜双斧上亦有类似盘上的形符（这青铜斧定年为公元前1600年，现藏伊拉克林博物馆）。此外一些同时代的铭文也有与盘上形符相似者。螺旋形书写方式也见于线形文字A的文献中。克诺索斯出土的一个金戒指上的铭文及一只杯子上的铭文都是按螺旋形排列的。因而，盘上的文字是克里特土壤上米诺斯文字发展的一个阶段。圆盘上的形符与青铜斧上的不尽相同，可能斧文是象形文字与盘文的中间阶段。反对此说的人认为这是无稽之谈，指出此盘孑然一身，"前不见古人，后不见来者"，浑身上下尽是谜。

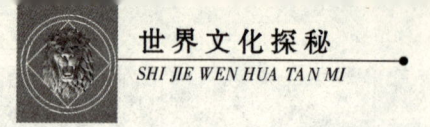

苏美尔文化之谜

在公元前两千多年,曾经居住在今天中东一带的苏美尔人就开始记载他们先人的灿烂文化了。但至今我们对于这一古老民族的来龙去脉仍然所知寥寥,我们所知道的就是苏美尔人曾给闪米特人带来了一种非常先进的文化。我们还知道,苏美尔人总是在高山顶上寻找他们的神。如果在他们居住的地方没有山,他们就在平原上堆起假山。

他们的天文学非常发达。他们对月球自转的观察结果和我们今天对月球的观察结果只差 0.4 秒。在库云底亚克山上,人们发现一个计算题,其计算结果是一个 15 位数字。而之前,我们经常引以为荣的古希腊文化的全盛时期,通常的计算结果也只达到 10000 而已。大于 10000 的数,古人就认为是"无限"了。

苏美尔人的神都不是拟人型,每个神都和一个星星有关。他们绘图中的星星的样子和我们今天画的星星完全一样。更值得人深思的是,这些星星周围都围绕着数颗行星。苏美尔人在缺乏我们今天这样的观测技术和设备的条件下,是如何知道一个"不动的星"都带有几颗行星的呢?

大约在公元前 4500 年~前 4000 年之间,原始欧贝德人来到底格里斯河和幼发拉底河之间的地域定居,创造出了高度发达的前苏美尔文明。在库云底亚克山里，还发现了雕刻在 12 块陶制书板上的一首英雄叙事诗。其中第七块书板上记载的，从现在看来，是人类亲眼目睹宇宙旅行的纪实。书板上的故事是这样的：

恩克度被一只巨鹰的铜爪抓着，在空中飞行，飞了 4 个小时后，一个声音忽然对他说："你看看下面的大地，大地像什么呀？你再看看大海，大海又像什么？"大地像一座高山，大海像一个湖泊。他又在空中飞了 4 个小时，那个声音又响起："你向下看看大地，大地像什么？你再看看大海，大海又像什么？"大地这时像个花园，大海像花园里的水渠。在他又向上飞行了 4 个小时后，那个声音又对他说："你向下看看大地，大地像什么？你再看看大海，大海又像什么？"大地像米粥，大海像个水槽。

这些比喻必定来自某个曾在我们地球上空飞行的生物，因为这些比喻太准确了，不可能纯属想象。如果对地球没有感性的认识，谁能想象到陆地像粥，大海像水槽，因为从高空中看，地球确实像粥和水槽互相交错在一起。

苏美尔一个古城的遗迹考古发现证实，4000 年前，在苏美尔人居住的区域内曾有各种原始人。后来忽然出现了苏美尔人，创造了高度的苏美尔文明，至今史学家尚不知道他们先进的文明是从何而来。

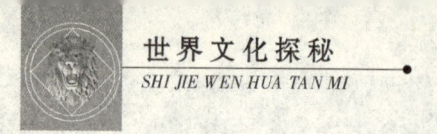
世界文化探秘
SHI JIE WEN HUA TAN MI

古希腊罗马羊皮纸典籍是如何保存和流传下来的

古代希腊和罗马创造了光辉灿烂的文化。在长达10多个世纪的漫长岁月里,希腊、罗马出现了众多的文化名人,他们勤奋创作,著述甚丰,给后人留下了无比珍贵的精神财富。当今天我们怀着激动而崇敬的心情拜读古典大师们的作品时,脑海中不禁会涌现出一个这样的问题:一两千年前写成的典籍是怎么保存流传至今的呢?

在古希腊罗马时代,没有纸,也没有印刷术,书是作者用羽毛或芦管当笔蘸墨水写在羊皮纸上,然后装帧成册的。谁要想得到一本书,一般的办法就是抄。当时的富贵之家,都有抄书的奴隶,因此书籍得以广泛流传。可是公元476年西罗马帝国灭亡后情形就大不一样了。

在原先帝国广袤土地上,取代罗马人统治的是被称为"蛮族"的日耳曼人,他们都是些目不识丁的武夫,丝毫不知道羊皮纸典籍有何价值,还肆意践踏。

在那种兵荒马乱的年代,多少名贵的书籍或付之一炬,或散佚殆尽。待社会初步安定以后,势力盘踞整个欧洲的基督教会一方面为实行愚民政策,另一方面为排斥异端,更是对希腊罗马典籍进行大规模有组织的摧残与毁坏。公元391年，亚历山大的大主教提阿非罗下令将世界闻名的亚历山大图书馆烧毁。而这座图书馆历史悠久，建于公元前3世纪，藏有几十万册古典珍本。

教会一再发布读书禁令，教皇格利哥里一世宣扬"不学无术是信仰虔诚之母"，鼓吹"知识服从信仰"，认为与基督教信仰无关的知识非但无用，反而有害。他任职期间不仅颁布过禁读令，而且下令烧掉罗马城内巴拉丁小丘上一座藏书十分丰富的古罗马图书馆。教会人士和神学家还将大批羊皮纸书籍的原文刮掉，再在上面写有关基督教的东西。这样也毁灭了大批古书，还使部分古书错讹百出。此外有许多羊皮纸书则长年累月堆在禁室，蛛网尘封，虫蛀霉烂。从公元6世纪到10世纪的欧洲黑暗时代，希腊罗马长期积聚起来的书籍宝库，经过无数次兵燹、劫掠、焚毁、刮削、虫蛀、霉烂，造成的损失是无法估算的。尽管如此，多数古代希腊罗马羊皮纸典籍还是保存流传下来了，成为今天世界文化宝库中一笔极为珍贵的财富。

那么，这些古籍是如何获得劫后余生的呢？有一种意见认为，尽管基督教会是毁灭希腊罗马古籍的罪魁祸首，然而在保存古籍方面，它也有一份不能抹杀的功绩。首先要归功于修道院的抄录修士。在公元6世纪的黑暗时代，东哥特王的宠臣、罗马贵族后人加斯奥多勒斯在自己开设的修道院中首创誊写室，专门抄录古典作品。圣本笃修会的创始人本尼狄克起草的会规规定，抄书是修士们的日课，并说只有日夜抄写，才能得到上帝的宽宥。从此，抄录制度在西欧各地修道院迅速普及，不仅抄写数量颇大，质量亦为上乘，稿本完整，字迹工整，装饰精美。不仅修道院抄书藏书，连教皇也大力收

41

集古典书籍。罗马教廷图书馆始创于公元4世纪，但13世纪的动乱使藏书散佚大半，15世纪，教廷在梵蒂冈重新建立了大型图书馆，该馆至今还是古代希腊罗马手稿的重要收藏中心。

教会人士为什么重视抄写和收集异教典籍——希腊罗马古书呢？对此人们有不同看法。

一种意见认为古典书本中有基督教可以吸收改造的东西，而且通过这种吸收改造，基督教思想会更有力量。他们举例证明，托马斯·阿奎那就是在吸收了亚里士多德的思想后才成为经院哲学集大成者的。此外，托勒密的天文学地心说也被教会用来证明上帝创造和主宰一切。

另一种意见则认为基督教不是铁板一块，内部常有异端出现。他们热心于希腊罗马古籍的收集、整理与阅读，以创立自己的学说。还有一种意见认为，10世纪以后，随着欧洲工商业城市的发展，人们对古典医学、数学、天文学、地理学、生物学、工艺学知识的需求不可阻遏，教会作为知识阶层，不能无动于衷。到底哪种说法最有道理，人们只能见仁见智了。

通过修士们的抄录和教会收集保存和流传下来的古籍确实不少。有人说，修士们把6世纪以来可以见到的羊皮古籍都抄下来了，而且保存至今的希腊罗马古书基本上是经他们抄写流传下来的。这种说法值得怀疑：第一，有不少古籍早在日耳曼人攻占罗马城之前就佚亡或流失到外邦去了；第二，有些书，由于犯禁而没有抄写，或者即使抄了又被刮掉、销毁；第三，不少书在抄成后又散失了。此外，由于羊皮纸来之不易，也有把库存古籍刮掉抄教会书籍的。因此，除了教会以外，是不是还有其他保存羊皮纸典籍的途径呢？

有的学者将保存希腊罗马羊皮纸典籍的头功归于阿拉伯人。自公元7世纪开始，阿拉伯人在长达几个世纪的扩张过程中，攻占了地中海沿岸大片原属希腊罗马统治的区域，直接接收了大量珍贵的希腊罗马古籍。而且阿拉伯统治者实行开明的文化政策，尽量搜罗各国书籍，甚至不惜动用军队劫书。

公元9世纪，哈里发马蒙在巴格达建立了宏大的图书馆，并且将搜集到手的古书译成阿拉伯文。这些书到12世纪以后又流回欧洲并被译成拉丁文。当时的译书中心主要是刚刚把阿拉伯人赶走的西班牙的托利多，其次是接近阿拉伯世界的西西里。一时间，阿拉伯人的作品迅速流行开来。后来，欧洲人将希腊古书直接译成拉丁文（罗马典籍原来是拉丁文写的，无须翻译）。有人估计，阿拉伯人收集的希腊古书比欧洲修道院保存的还要多，特别是医学和自然科学方面的著作。这些后来都陆续译成了拉丁文在欧洲流行。

还有人认为拜占庭才是希腊古文献的最大保存者。在西欧黑暗时代，大量羊皮纸典籍遭毁，而拜占庭保存并收进了无数古代书籍。当时的拜占庭皇帝君士坦丁七世大力提倡学术与艺术。拜占庭的藏书后来虽然在1204年与1453年遭到十字军和土耳其两次劫掠，但其时西欧黑暗时代已经过去，拜占庭散失的典籍又流回到了欧洲。所以有人把拜占庭称为古典文化的保存者，并且认为如果不是拜占庭，今天的人们将无法看到荷马、柏拉图、索福克勒斯甚至亚里士多德的伟大作品。

上面种种说法都有一些道理，但都不是最后结论。现存的古代典籍究竟是怎么保存流传下来的，人们尚难确切断定。

"萨索里"文字是世界上最古老的文字吗

1999年初,德国考古研究所科研人员在开罗召开的记者招待会上宣布,这个研究所的科研小组在埃及南部离开罗400千米处的"萨索里一世"古墓中,发现了大量书写在坛子与黏土板上的文字。经放射性同位素测定,这些文字书写于公元前3300～前3100年间,部分文字书写时间早于公元前3400年。具有突破意义的是,科研小组已解读了全部书写有古文字的出土文物中的2/3,即200件左右。科研小组认为,尽管这些文字与美索不达米亚的苏美尔文字有相似之处,但它显然比苏美尔象形文字进步。两者时间相近,因而可认为古埃及的"萨索里"文字是迄今知道的世界上最古老的文字。

关于什么文字是世界上最古老的文字,20世纪的学术界颇多争论。一般认为,公元前3500年左右的美索不达米亚乌鲁克文化遗址出土的,迄今大多未解读的刻在泥板上的象形文字是最古老的文字。但各国学者对此异议甚多,因为几乎同时,古埃及的象形文字就出现了。公元前3500年的古埃及象形文字在德国科学家发掘"萨索里一世"墓之前已出土,大约有700个文字符号。中国的殷墟甲骨文与商周金文中,保留了五百多个文字符号,其历史也有距今五千多年的,且大多文字符号已为中国学者解读。此外,印度哈拉帕遗址、希腊克里特岛、美洲的玛雅文明,都有象形文字的遗物,尽管这些象形文字迄今未被解读。

问题关键并不在于这些象形文字是否已为今人解读,而在于象形文字究竟算不算古文字?

有学者提出,如果象形文字就是古文字,那么"世界之最"恐怕轮不到苏美尔或古埃及。世界各地都有原始符号刻在岩壁、洞穴、器皿上的遗迹。就拿中国来说,仰韶文化、大汶口文化、龙山文化都有刻有符号的陶器出土。陶器上的几何图案与装饰乃是具有表征意义的符号。在大汶口文化两处不同遗址中,出土了刻有同样4种图形的陶缸。考古学家认为,陶缸上刻着的石斧是"戊"字,木锄是"斤"字。如果要算年代,仰韶文化的西安半坡出土的陶刻几何符号,距今已有六千五百多年,远比德国学者这次宣布解读古埃及象形文字要早。

正因为如此,有学者提出,距今5000～6000年出现的象形文字不是真正的文字,只能算是"文字画"。象形文字为的是摹写事物图像,一般不代表语言符号,不能表音。

从象形文字或"文字画"发展到能读音的音节文字,最后发展到字母文字或音形抽象的文字,这中间一定有个漫长的发展阶段。那么,第一个发明发音符号的是谁呢?大多数古文字学家认为,是公元前1800年,西亚两河流域的古代居民取得的这一突破性的进展。起先,美索不达米亚的苏美尔人的音节表有几千个符号,使用的是单音节词,如 ti、mu、po,即由一个元音与一个辅音构成。随着经济活动、政治活动与社会交往需要的发展,他们逐渐使用两个或更多的辅音音节，双音节与三音节词汇大量出现，使发音符号大大减少，为最终完成向字母文字的转变打下了基础。

如果把音节文字看作最早的古文字，那么，目前考证结论是，最早出现音节文字的是公元前3100年的苏美尔文字、公元前3000年的古埃及文字、公元前2200年的古印度文字、公元前1300年的古中国甲骨文字等。德国科学家发掘的"萨索里"文字，还没发展到这一阶段。

看来，人类最早的文字究竟起源于何地；何为真正意义的最早的文字等问题，还需作出巨大的努力才能回答这些问题。

亚历山大图书馆是怎样毁灭的

图书馆源于何时何地至今仍是一个谜。有人认为图书馆起源于古代西亚的苏美尔王国；另一种说法是，最早为人们所知的图书馆是在古埃及的寺院；还有一种观点认为，古代希腊和古代东方同是图书馆的起源地。尽管如此，有一点是可以肯定的，即到了公元前5世纪，古希腊已有了许多的图书馆，包括公共图书馆和私人图书馆。但是，古希腊时期最为宏伟、最有名望和最为壮观的图书馆不是建在雅典，而是位于古埃及的亚历山大里亚城。当时，亚里山大里亚城里有许多优美的建筑物：宫殿、庙宇、广场和花园及博物馆，其中最为有名的是亚历山大博物馆，在这个博物馆中有一个当时世界最大的图书馆——亚历山大图书馆。

亚历山大图书馆是以古希腊帝王亚历山大的名字命名的。据说，亚历山大大帝从小就爱好并熟知古希腊文化，古希腊著名学者亚里士多德便是他的老师。亚历山大喜欢读书和收藏书籍，在远征途中还带有大批图书，挤时间阅读。曾计划建造一个大型图书馆，但未等此计划实现他便因病而死。亚历山大的后继者托勒密一世索特（公元前367—282年）开始了这一计划。托勒密一世虽然是一个专横的君王，但他喜欢结交文人学者，因而招聘了许多著名学者到亚历山大里亚城市来。其中有一位名叫德米特利乌斯学者的，他是希腊的演说家、诗人和历史学家，于公元前307年来到亚历山大里亚城，很快成了托勒密一世的宠臣。其后不久，他热心地向托勒密一世建议：在亚历山大里亚城建立一座图书馆和博物馆，以增加王朝的光荣，使之垂名于后世。

托勒密一世欣然同意了这一建议。在德米特利乌斯的帮助下，公元前297年（或说公元前290年），托勒密一世在亚历山大里亚城最好的地方布鲁丘姆修建了一座富丽堂皇的大厦，此大厦集博物馆、图书馆和学院的功能于一体。

到了托勒密二世时，又在亚历山大里亚城的西南隅一神庙——萨拉匹斯神庙中增设了一个分馆，此馆规模较小，据称藏书40000卷，有人称之为"子馆"。它虽无主馆藏书丰富，但却较为开放，普通市民和学生均能使用。亚历山大图书馆在托勒密二世统治时具有重要意义。它藏书甚丰，但究竟有多少，谁也无从知道。一说该馆收藏的草纸和皮纸卷轴达10万，或说有20万，再说有50万，也有人估计为70万，还有人说有一百多万卷。此图书馆是当时世

界上规模最大的图书馆,在长达二百多年的岁月里,它作为古代希腊文化的中心,对古代世界文化的保存与交流起了重要作用。不幸的是,亚历山大图书馆后来被人毁灭。那么,这座闻名古代世界的巨大图书馆到底是怎么毁灭的?对此,先人没有给我们留下可靠的史料记载,致使这一问题成为千古难解之谜。于是,后人对之作了各种各样的猜测与假设。

一种说法是,公元前47年,罗马统帅恺撒率军队远征埃及,当时,恺撒的军队企图抢走亚历山大图书馆的图书,于是,亚历山大里亚城市的市民们放火烧毁了港口的船只以阻止书籍外运,船上的大火蔓延到了整个市区和图书馆,使亚历山大图书馆被毁了一部分。另据古代历史学家狄奥·卡西乌斯的记载,公元前41年,罗马统帅马可·安东尼从小亚细亚的另一所有名的图书馆——帕加马图书馆里把大约20万卷的图书拨给了以貌美著称的古埃及女王克娄巴特拉七世,以作为对恺撒军队破坏亚历山大图书馆的补偿。

第二种推测是，公元后，亚历山大图书馆的影响已大大削弱，其中的藏书有一部分被搬运到罗马去充实罗马的图书馆。

第三种说法是，古埃及女王克娄巴特拉七世为了取悦于恺撒，曾以亚历山大图书馆的藏书为代价以换取小亚细亚西北部古城帕加马的图书馆。

第四种观点是，公元273年，罗马皇帝奥列里亚努斯再次占领埃及，他烧毁了亚历山大图书馆的主馆部分，分馆部分则被保存到公元391年基督教主教狄奥菲鲁斯以图书在异教寺院为由，下令将其全部烧毁为止。还有部分残卷可能在公元645年被穆斯林征服者奥马尔及其军队焚毁。据有一项记载，亚历山大图书馆里的纸莎草纸和羊皮纸的书卷曾被穆斯林士兵用以烧洗澡水。

…………

纵观上述几种假说，我们不难发现，亚历山大图书馆被毁灭的各种假说间有较大差距，但也不乏共同点：一是亚历山大图书馆是由于外族入侵而被毁的；二是毁坏的方法大多为火烧；三是毁坏的原因也多与宗教有关；四是破坏或毁坏并非在短时间内完成，而是经历了一个长期的过程，遭受了多次劫掠和破坏。

毫无疑问，在好几百年的时间内，亚历山大图书馆是世界上的奇迹之一，它的毁灭是世界历史上最大的文化浩劫之一。随着亚历山大图书馆的被毁灭，对古代世界的许多情况我们便不得而知了，许多问题便只能靠推测了。

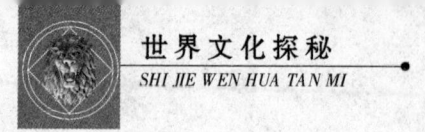
世界文化探秘
SHI JIE WEN HUA TAN MI

"黄金船队"海底沉宝下落如何

　　自从15世纪末哥伦布首次发现美洲之后，苍茫的大西洋上从此便增添了一只只繁忙的船影。满怀着对新世界财富的渴求，西班牙、葡萄牙的冒险家们，往来不停地穿梭在新旧大陆之间。欧洲人先进的枪炮，打破了美洲大陆千百年来的宁静，也毁灭了这片大陆上一个个辉煌、灿烂的古老文明。疯狂地屠杀与掠夺之后，殖民者们满载着血腥与财宝回航了。然而，丰厚巨额的财宝并不一定给他们带来好结果，由于种种意外和内部纷争，许多船只中途便沉入了茫茫大海，仅给后人在探宝史上留下了一桩桩疑案。这里，我们要说的，便是其中之一——沉睡海底的"黄金船队"。

　　1702年的一天，一支庞大的船队悄悄离开了哈瓦那港，向西班牙领海火速进发。这支由17艘大帆船组成的船队，满载的都是从南美洲掠夺来的金银珠宝。当时，西班牙作为近代史上第一个庞大帝国，国力直趋衰退，代之而崛起的是荷兰、英国和法国。1700年，哈布斯堡家族的最后一位君主卡洛斯二世，在精神失常中死去，没有给王室留下继承人。为了争夺西班牙王位，欧洲各国皇族竞相争斗。经过一番激烈的王位争夺战后，法国国王路易十四的孙子费利佩五世登上西班牙王位，揭开了波旁家族在西班牙的历史。但是，欧洲并未就此平静下来。以费利佩五世为一方，奥地利莱奥波尔多皇帝之子卡洛斯大公为另一方,展开了一场国际性的王位继承战。法国支持西班牙的费利佩五世,英国与荷兰则支持卡洛斯。一时间双方剑拔弩张,从1702年到1713年,双方在西班牙,在意大利,在佛兰德,甚至跨越大洋,在新征服的美洲,都展开了战斗,正是在这样的形势下,费利佩五世急命西班牙在南美的殖民机构火速将掠夺的财宝运回西班牙,以解决其困窘的财政问题和军费开支。

这支"黄金船队"一路小心翼翼,历尽艰辛,终于在6月驶到了亚速尔群岛海域,这里离西班牙领海已不远。正当船员们计算着航程,心中暗暗欣喜的时候,突然间一支由150艘战舰组成的英荷联合舰队出现在了海面上。

喜悦的心情被恐惧和惊慌所代替,船员们顿时乱作一团。面对着如此强大的一支舰队,抵抗是毫无意义的。"黄金船队"总司令贝拉斯科当即下令全速将船开入大西洋沿岸的维哥湾,一面死守住港口,一面想方设法将珍宝从陆地运往首都马德里。然而,当时的西班牙却有一个奇怪的规定:凡是从南美运来的东西必须先到塞维利亚市验收。万般无奈,最后只好先把给国王和皇后的财宝从船上卸下来,改由陆路运往马德里(这部分财宝中途为强盗所劫,至今仍无下落)。将维哥湾团团包围的英荷联军已获悉了这支船队就是西班牙运宝的黄金船队。在金银珠宝的诱惑下,士兵们人心激奋,个个奋勇争先。英荷联军由鲁克海军上将指挥,3000多门重炮轮番轰击,摧毁了维哥湾的西班牙炮台和障碍栅等防守工事,迅速强占着港湾。黄金船队总司令贝拉斯看着身边一名名倒下的士兵和呼啸而来的炮弹,终于彻底绝望了,他不得不下令将运载珍宝的船只全

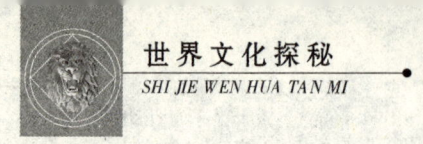

部烧毁，以免这批财宝落入敌人之手。火点起来了，西班牙士兵们默默注视着这些自己历经艰辛从南美运回来的奇珍异宝在火海中慢慢消失，沉入深不可测的海水之中。

这一战下来，除仅存的几艘船被英、荷联军及时俘获外，绝大多数都葬身于海底了。从被俘虏的西班牙海军上将恰孔的口中，人们大体知道了这批财宝的总量。据恰孔估计：此次至少有4000～5000辆马车的金银珍宝沉入了海底。英国人当时也曾多次冒险潜入水下，希望能打捞起这些财宝，但由于潜水技术及打捞手段的落后，他们仅仅能捞上极少的一些战利品。

近3个世纪以来，一批又一批的寻宝者都在搜索着这笔丰厚的沉宝，黑暗的大西洋海底，冒险家们的身影接连不断。有的空耗了力气一无所获，也有的极幸运地捞起许多珍贵的绿宝石、紫水晶等珠宝翡翠。然而，这些也都是一些零星的收获，绝大部分的宝藏依旧静静躺在深深的海底。时光的流逝，使这批宝藏在风浪海流的作用下，不仅被蒙上了厚厚的泥沙，而且连位置也有了很大改变，让人难以确定。尽管现代化的潜水打捞技术不断提高，但这批宝藏依然仿如置身于一个谜局之中，让人们无从下手。变幻莫测的海底世界里，到底何处是这些财宝的藏身之地呢？这些财宝何时才能重见阳光，展示于世人面前呢？回答人们的，只有大西洋轰鸣的浪涛声。

政治军事

政治军事

居鲁士之谜

居鲁士是古代波斯阿黑门尼德王朝的创立者。他曾率领波斯人反抗米底贵族的统治,推翻米底王国,并征服了西亚和中亚广大地

区,为世界上第一个地垮亚、非、欧三洲的大帝国——波斯帝国的建立奠定了基础。他在位29年(约公元前558~前529年),但最后究竟是怎样死去的,却始终是个历史之谜。据古代希腊历史学家希罗多德的记载,居鲁士在占领巴比伦之后,转而向西北进军,以图降服中亚的游牧民族。希罗多德说,这

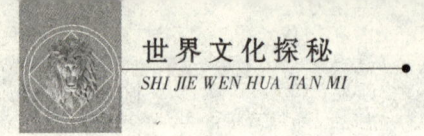

是"蛮人"(非希腊人)所进行的"最激烈的一次战争"。波斯军队大部分战死,居鲁士本人也战死在疆场。战斗结束后马萨革泰女王托米丽斯为报子仇,用革囊盛满人血,然后在波斯阵亡者的尸体中间找到居鲁士的尸体,将其首级割下放在她那只盛血的革囊里。

根据巴比伦僧侣贝洛苏斯关于巴比伦的历史著作,居鲁士是在同斯基芬人达赫(意为"掠夺者")部落作战中阵亡的。希腊作家克捷西的《波斯志》则认为,居鲁士最后的一次战斗是反对印度边境上的德比克人。克捷西说,德比克人的国王阿摩拉欧斯同印度人结盟,其军中有大象。印度人站在他们的一边。在这次战斗中,一位印度人用矛刺中了居鲁士的肝脏。3天之后,居鲁士便因此致命的创伤而死于波斯军营中。另一种说法则根本否认居鲁士是战死的。色诺芬在其所著《居鲁士的教育》中,就曾说居鲁士在首都自己的家里"和平地终其天年"。鉴于以上种种互相矛盾的说法,近代以来学者对希罗多德关于居鲁士的最后出征及死亡情况的描述,大多持程度不同的怀疑态度。居鲁士究竟是战死疆场,抑或是"和平地终其天年"?如果说是战死的,那么又是同谁作战时阵亡的?看来,这仍是历史的悬案。

提比留"自我流放"之谜

在通常人看来,皇帝是一国之尊,荣华富贵,权势显赫。可是罗马皇帝提比留的日子过得似乎并不顺心。他到了晚年虽然大权在握,却不愿意住在都城罗马,而是避居乡野,过着流放般的生活。这位行为怪异的皇帝,一直让人琢磨不透。公元26年仲夏的一天,提比留一行十来人一大早就急匆匆、静悄悄地离开了罗马。当时罗马人只知道皇帝此行要到卡普里岛,给"众神之父"朱庇特造一座神殿;他还要到诺拉给其养父奥古斯都建一座神庙。但是谁也没有想到,提比留皇帝这次离开罗马城,竟一去不复返。他在卡普里岛隐居下来,直到公元37年去世。有的历史学家认为,提比留有心理疾病,他对别人的厌恶已经发展到了病态的程度。后来在近卫军长官塞亚努居心叵测的劝说之下,他毅然离开罗马,"眼不见为净"。有的历史学家认为,提比留"苦于经常的恐惧","感到无法再在被惊慌笼罩的城市里住下去",因而出走。在提比留几次给罗马元老院的信中,反映了他内心深处的恐惧和不安。从提比留的古怪行为来看,他可能是一个心理有点偏差的人。特别是年事越高,他的这种反常心理表现得越突出。

拿破仑死因之谜

拿破仑在他亲手建立的法兰西第一帝国垮台后,被英国人囚禁在孤岛圣赫勒拿岛上,度过了生命中的最后6年光阴,于1821年5月5日溘然长逝。当时的尸检结果是死于胃癌。拿破仑的家族有癌症史,且在被解剖时他的胃已溃烂,于是人们在相当长的时间内相

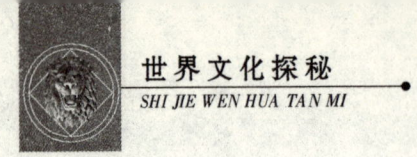

信了这个权威性的结果。到了1982年，一个瑞典牙医宣布拿破仑是被慢性砒霜毒死的，这个消息几乎震惊了全世界。这位拿破仑的崇拜者进行了二十多年的研究，包括关于拿破仑的论文和医疗记载，他发现拿破仑患病期间的症状完全符合慢性砷中毒的结果。而且他还找到了拿破仑生前赠送友人的几缕头发，那里面的砷含量也是远远高于正常人。这更加坚定了他的信心。

拿破仑如果真的是砷中毒而死，那么这背后的黑手是谁呢？有人怀疑是英国政府，但对于英国人来说，当时的拿破仑尚不具有潜在威胁。那他对谁才具有威慑性呢？有人认为是他的侄子路易·波拿巴，当时的法国皇帝。但是谁能证明侄子曾经派人去下毒害死自己的伯父呢？这都只是猜测。同时，也有一种拿破仑出逃的说法在盛行。有人认为当时在孤岛上死掉的实际上只是一个替身，那人叫佛朗索瓦·罗博。这个叫做罗博的人因为长相酷似拿破仑，而被他调到身边做侍从。在拿破仑被遣送孤岛之后，罗博回家务农，但是在一个贵客拜访之后他神秘失踪了，再也没有出现。那些人认定是他去孤岛替换了拿破仑本人。

林肯总统遇刺之谜

带领美国人民从内战中走出来的林肯总统，却在和平时期遭遇了恐怖分子的袭击，于1861年4月15日不幸逝世。遇刺的当晚，总统正在剧院观看演出。凶手是悄悄混进他的包厢后开枪杀死他的。得手之后,凶手立即跳窗逃跑,但是他的脚受了伤,警察循着他脚上留下的血迹找到了他。在双方冲突的时候,凶手被警察当场击毙。林肯在内战中领导北方人民战胜了南方分裂分子,因而招来了他们的嫉恨。战后,他们曾多次恐吓说要杀死总统。然而去剧院的当天,总统亲自指定的警卫推辞有事不去,并换了个一贯表现糟糕的警卫,据说还是总统夫人亲定的。事后证明,总统自己指定的警卫当晚根本就逍遥无事。一连串的疑问让人怀疑这是一个巨大的阴谋。

被击毙的那个人叫韦克斯,由于他反对总统在内战中对南方叛乱者的镇压,多次表达过想杀死林肯,也好为自己扬名。官方认为这就是凶手杀人的动机。可令人不解的是,既然凶手已经找到,为何不抓住他审问,以求事件真相,却要当场杀死他,最后弄得死无对证?而且在后来的缉拿凶手的报告中,却赫然写道:凶手死于自杀。采用这种瞒天过海之术究竟有什么见不得人的目的?从推测看来,暗杀林肯总统的应该另有其人。

是谁处死了墨索里尼

1945年4月28日,意大利法西斯领袖墨索里尼及其情妇克拉拉被意大利民族解放委员会宣布处死。在科莫湖边的科莫村外,墨索里尼被枪决了。第二天上午 9 时 30 分，墨索里尼的尸体被拉到法西斯诞生地——米兰，吊在最热闹的洛雷托广场。人们从四面八方蜂拥而至，观看这个大战犯的下场。是谁结束了这个罪恶的生命呢？从道义上讲，墨索里尼死有余辜，即使千刀万剐，亦不为过，但从法律形式上来看，他也应该像其他战犯一样，先上审判台，后上绞刑架，而不是上述的那种死法。

由于在处死墨索里尼的形式上，国际方面与意大利游击队意见有所不同，使得如何处理墨索里尼也有了"内幕"之争。1943 年，由于意军的一系列军事失利和国内反法西斯运动的高涨，墨索里尼的统治摇摇欲坠。1922 年，意大利国王伊曼纽三世曾经让墨索里尼组建内阁，因为不得不考虑王室的出路了。7 月 25 日晚，意大利对外宣布逮捕墨索里尼，并将他关押起来。与此同时，盟军也很快得知墨索里尼被抓的消息。他们通知游击队，要求他们将墨索里尼押送到米兰，交由国际军事法庭进行审判。对此，游击队内部展开了激烈的争论，产生了很大的分歧：有人主张应该按照盟国的要求，让墨索里尼接受国际正义力量的审判；有人认为墨索里尼应由意大利人民亲自审判。

对于具体的执行者，也有很多的说法。有说是意大利民族解放委员会联络官瓦尔特·奥迪西奥执行的；也有说是加里波第旅副旅长兰普雷迪执行的，但都没有定论。直到今天，人们也没弄清楚在当时游击队内部发生分歧后，最后是如何将意见统一起来的，以及在给同盟国的答复中为什么出现了两种不同的态度。事过境迁，想要解开这个谜恐怕是更不容易了。

政治军事

第三帝国最疯狂的士兵：
一人歼灭数千美军

对德国 352 步兵师的 Hein Severloh 来说，1944 年 6 月 6 日这"最长的一天"，意味着他将在 9 个小时里不停地用机枪射杀那些试图在奥马哈海滩登陆的美军士兵。

在这场血战中，有一个让他始终难以忘怀的场景。一个年轻的美军士兵从他的登陆艇里跑出来，并且试图将自己隐蔽在一个混凝土反坦克工事后面。Severloh——在诺曼底的德军中的一个年轻下士，用他的步枪瞄准了那个美国兵，他扣动了扳机了并且准确地命中了敌人的额头，那名美军士兵的钢盔飞起来滚入大海，栽倒在海滩上死了。

这是段痛苦的记忆，几十年后的今天，Severloh 一想起那些战死的士兵就会流下悲伤的泪水。Severloh 安全地待在一个可以俯视整个海滩的混凝土碉堡中，面对接近的盟军，视野很好。他是战斗到最后的德军士兵，并且可能杀伤了大约 3000 名美军，这几乎是美军在奥马哈海滩伤亡的 1/3。美国人从奥马哈海滩认识了这个年轻的德国士兵。

由于天气恶劣，他从盟军的空袭中逃生。让美国空军郁闷的是，如果他们投弹过早的话，可能会误伤到自己的登陆船队。而如果他们延迟投放,又意味着炸弹常常远远的落在德军碉堡的后面。德军士兵给美国空军起了个绰号叫"Amis",笑话他们只会轰炸法国的奶牛和农场,而不是德军阵地。

空袭之后,Severloh 和其他 29 人冲出了隐蔽地点进入碉堡,在射击口前准备应付登陆部队的冲击。他当时才 20 岁,看着海面几乎透不过气来,而他将要面临的是密集的盟军船队。他说:"天哪,我要如何应付这场混乱?"

旁边的老兵对他说:"应该怎么办?我会把这些置之脑后,要考虑的只有射击。不是敌死就是我亡,这才是要考虑的。"

当登陆舰逼近海滩,Severloh 听见了他的指挥官——中尉 Berhard Frerking 最后的命令。他们试图阻止仍在航渡的美军,不让他们轻松上岸。但是当那些士兵还在水中挣扎的时候,如果他开火开得太快,就有可能遗漏一些仍然在水中的美军士兵。

Frerking 解释说:"你应该在美军到了膝盖深度海区的时候开火,那时他们跑不快。"Severloh 曾参加过一些小型战斗,开始在东线服役,但他并不热衷于战争。"我从不想卷入战争,也从不想呆在法国,更不想呆在碉堡里用机枪射击。""我看见当机枪子弹打在海滩上水花四溅,这些小喷泉接近那些美国兵的时候,他们开始倒下。很快地,第一具尸体开始漂浮在涨潮的海浪上。不久,所有的美国兵趴下开始还击。"他射击了 9 个小时,用光了 12000 发子弹,海水被尸体的鲜血染红了。打完了所有的机枪子弹,他用自己的步枪继续射击,接着打光了另外 400 发步枪子弹。

一位著名的德国二战历史学家 Helmut Konrad Freiherrvon Keusgen 认为,Severloh 可能在当天造成了美军约 3000~4200 人的伤亡。

Severloh 认为数字没那么大，但他承认："很明显，至少 1000 人，很可能超过 2000 人，但我并不知道我打死了多少人，这很可怕，想象一下都会让我作呕。我几乎消灭了一个团的登陆部队，周围的海水都染红了，我能听见美军指挥官在喇叭里面歇斯底里地喊叫。"

服役于英国皇家装甲兵团并担任防务顾问 Stuart Crawford 认为，一个德军士兵完全有可能造成美军如此之多的伤亡。他说："我曾经作为训练的一部分试用过那种机枪（指 MG42 机枪）。那种机枪可以以极高的射速开火，Severloh 当时处在一个几乎不可能被武器伤害到的位置，美军无法瞄准到他。"美军的失误在于登陆坦克没有在第一波登陆部队中，于是他们没有掩护。

戈林服毒之谜

1946 年 10 月 15 日，戈林居然在行刑前 2 小时服毒自杀。这则消息震惊了整个纽伦堡监狱，也震惊了所有人。他居然能在守卫森严的监狱里以服毒自杀的形式逃脱全世界人民对他的正义审判，这是监狱方面一个重大的过失！经法医检验，戈林是服了剧毒化学物氰化钾自杀的。为了弄清毒品的来源，理查德将军负责对此事进行追查。戈林的屋内的床是被固定在地上的，窗户上的玻璃是有机玻璃，室内不留一根电线和金属物。囚室内的灯则是整夜亮着，以便看守透过门上的监视镜监视他的一举一动。在这种情况下，戈林几乎是被完全与世隔绝了。然而也就是在这种不能自由进出的情况下，戈林竟从容地服毒自杀了！是哪个环节出了纰漏呢？

10月19日，调查人员在戈林囚室中的奶油罐中发现了毒药瓶。这个发现令大家目瞪口呆，这意味着戈林在整个看押期间都藏有毒药。可是毒药是藏在监狱的储藏室中，而不是带在他的身边。那么，在如此严密的监视下，他是怎样把毒药取出来的？是谁帮助了他？问题是显而易见的，怀疑范围也应该是狭小的，问题出在内部的几个人身上。调查在继续进行着，可是却没有任何的结果。在戈林的尸体被火化后，他自杀所用的毒药来源也成为一桩悬案而被搁置起来。

隆美尔密藏的珍宝能重见天日吗

德国陆军元帅隆美尔生性凶残、狡猾，惯于声东击西的伎俩。在北非的大沙漠上，他以力量悬殊的兵力与强大的英美联军交锋，出奇制胜，赢得了"沙漠之狐"的称号。

这个"沙漠之狐"在北非的土地上疯狂地屠杀土著居民，掠夺他们的财富，尤其是当地无比富裕的阿拉伯酋长，只要他们稍稍表示拒绝支持纳粹事业，隆美尔即令格杀勿论。隆美尔用如此野蛮的血腥的手段在很短的时间里积聚起一批价值极为可观的珍宝。这批珍宝包括90多只满装黄灿灿金币和各种珍奇古玩的木箱及一只装满金刚钻、红宝石、绿宝石和蓝宝石的钢箱。

　　这批珍宝价值多少。谁也估算不出来。那只钢箱的财宝太迷人了,可谓价值连城,隆美尔自己本人也不清楚这批珍宝的价值究竟是多少?这批珍宝,除供隆美尔大肆挥霍外,还用以收买少数阿拉伯统治者。

　　隆美尔怎么挥霍,也只是动用了这批珍宝的极少一部分。随着战局的进展,不管隆美尔自吹所向无敌的非洲军团全线崩溃。为了不让这批珍宝落入英美联军之手,隆美尔秘密调动了一支亲信部队将这批珍宝藏在世界上某一个不为人知的角落里。

　　不知道奉命藏宝的部队是出于意外还是出于阴谋,在完成任务后全部战死,无一生还。这么一来,连部署藏宝的隆美尔本人一时也不十分清楚这批珍宝的最后藏身地。

　　1944 年,法西斯德国日暮途穷,德军一些高级军官谋刺希特

勒，事涉隆美尔。10月14日，希特勒派人至隆美尔住所，要隆美尔考虑决定接受审判还是服毒自杀。隆美尔选择了后者。15分钟后，隆美尔便离开了人世。隆美尔一死，唯一知道这批珍宝埋藏地点、方位、标志的线索便中断了。对于隆美尔这批珍宝，西方的一些冒险家们垂涎三尺，朝思暮想，希望有朝一日，成为珍宝的主人。他们不惜重金，派专家们南来北往，查阅有关密档，又千方百计地寻找所有可能知情的人。调查的结果，各种传说都有，但均不甚确凿，弄得冒险家们抓耳挠腮，一时不知从何下手。一种传说是这样讲的：在隆美尔的非洲军团崩溃前夕，"沙漠之狐"隆美尔曾调集了一支高速摩托快艇部队，命令将90余箱珍宝分装于艇中，由突尼斯横渡地中海运抵意大利南部某地密藏。某日晚，快艇部队在夜幕的掩护下秘密出航，按计划行动。不料在天将拂晓时，快艇部队被英国空军发现。原来英军情报部门早就密切注视着这批珍宝的去向。英军情报部门除派出大批地面特工人员外，还动用飞机与舰艇，在空中和海上昼夜侦察，随时准备拦截。"沙漠之狐"老谋深算，竟也有失算的时候。英军发现鬼鬼祟祟的德军摩托快艇后，料定珍宝即在其中，下令从空中和海上不惜一切代价截获。当摩托快艇行至科西嘉附近海面时，德军深知已无望冲出英军密织的罗网。当此绝望之时，隆美尔竟下令炸沉所有快艇。这支满载着珍宝的德军摩托快艇部队就这样在科西嘉浅海区沉没了。

从那以后，不时有人用高价雇用潜水员一次一次在科西嘉海底搜寻，可是一无所获。是科西嘉的海面过于辽阔呢，还是沉船的具体位置并不在科西嘉岛？亦或是隆美尔并没有炸沉快艇，甚至艇上并未载有珍宝？谁也说不清。

1980年美国《星期六晚邮报》二月号刊载了一篇令冒险家们十分感兴趣的文章《"沙漠之狐"隆美尔的珍宝之谜》,作者署名肯·克里皮恩。作者说,声东击西的"沙漠之狐"并未用快艇载运珍宝。这批珍宝密藏在撒哈拉大沙漠中的一座突尼斯沙漠小镇附近。小镇附近遍布形状相差无几的巨大沙丘。这批珍宝即埋藏于某座神秘的沙丘之下,作者信誓旦旦地说,他在突尼斯度假期间,对这一桩传闻作了核实,并且采访了一位据说当时曾目击珍宝装车的原德军党卫军军官海因里奇·苏特,作者相信这个传奇故事不是虚构的。

作者说,1942年11月,美英联军在北非登陆。次年年初,他们兵分两路从东西夹击德意军队,前锋逼近濒临地中海的突尼斯城。1943年3月8日清晨,居住在距突尼斯城不远的哈马迈特海滨别墅里的隆美尔发觉英军已控制了海、空权,他的珍宝已无法由海、空安全运出,决定就地藏宝。

3月8日深夜,在隆美尔与亲信的严密监视下,这批珍宝被分装在15~20辆军用卡车上,车队在汉斯·奈德曼陆军上校的押运下连夜向突尼斯城西南方向行驶,在撒哈拉大沙漠边缘的一座小镇——杜兹停下。汽车驶至杜兹后,前方即是大沙漠,无法行驶。汉斯·奈德曼购买了六七十匹骆驼,将珍宝分装在骆驼上,于3月10日踏入撒哈拉大沙漠。

驼队在沙漠中跋涉两天,最后将珍宝按预定计划埋入数以万计的令人无法分辩的某座沙丘之下。负责押送、埋藏珍宝的德军小分队在返回杜兹途中,意外地遭到英军伏击,小分队全部丧生。藏宝人连同宝藏的秘密一起被无情的黄沙埋葬了。撒哈拉大沙漠一望无

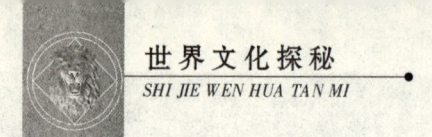
世界文化探秘
SHI JIE WEN HUA TAN MI

垠,白天温度常在华氏百度以上,人称之为无情的地狱。谁敢贸然叩开这无情的地狱之门?隆美尔的大批珍宝能有重见天日的一天吗?

有的人对以上说法表示怀疑。他们认为,所谓隆美尔密藏珍宝云云,只不过是一个引人入胜的传奇故事,谁要是对它认起真来,谁就是一个傻瓜。

拿破仑的战利品因何突然失踪

1812年5月,法国皇帝拿破仑率领50万大军对俄国进行远征,并于同年9月14日占领莫斯科。此时的莫斯科几乎是座空城了,大部分居民已随俄军撤退,近20万人口的城市剩下的还不到10000人。当天晚上,城内有几处起火,后又蔓延成大火,整整持续了6天6夜。

饥饿和严寒威胁着法军。由于战线拉得很长,交通运输常遭袭击,粮食和弹药供应不上,而俄皇亚历山大一世又不接受和谈,在这种情况下,拿破仑不得不放弃刚占领不久的莫斯科,于10月19日向西南缓慢后撤,沿途不断受到俄军和农民游击队的阻击。就在这个时候,法军庞大的辎重队中25辆装满了在莫斯科掠夺的战利品的马车突然失踪了。自那时起,一个半世纪以来,拿破仑的这批战利品究竟隐藏在哪儿,就成了鲜为人知的谜。

一位名叫尤·勃可莫罗夫的前苏联学者,他虽不是研究历史的,但在阅读英国历史小说家瓦·斯戈特所著的《法国皇帝拿破仑·波拿巴的生涯》一书时,对其中的一些情节很感兴趣:"11月1日,皇帝继续痛苦的退却。他在禁卫军的护卫下,踏上了向斯摩棱斯克的道路。由于担心途中会遭到俄军的阻截,所以应尽快往后撤。"

"因感到目前处境的危险,拿破仑深知在莫斯科所掠夺的古代的武器、大炮、伊凡大帝纪念塔上的大十字架、克里姆林宫中的珍贵物品、教堂的装饰品以及绘画和雕像等已无法带走,但又不甘心让俄军夺去,所以就命令将这些东西沉入萨姆廖玻的湖里。"

瓦·斯戈特是一位注重史实的作家。他这本书的完成和出版是在1831年—1832年之间,离拿破仑远征莫斯科仅隔20年,时间不算很长。勃可莫罗夫由此认为,在那些曾参加了这次远征的人的手记或回忆录中应对这件事有所涉及,于是决定要查阅一下与拿破仑同时代的人是否提到有关战利品的情况。

拿破仑在败退时,曾和两名亲信乘着雪橇往西疾驰。其中一人名叫阿伦·德·哥朗格尔·勃可莫罗夫,他的回忆中有这样一段话:"11月1日,拿破仑从比亚吉玛退走。11月2日,我们来到了萨姆廖玻。第三天,到达斯拉普柯布。在这里,我们遇到大雪的侵袭……"

哥朗格尔写道,拿破仑曾在萨姆廖玻;斯戈特说,拿破仑把战利品沉入萨姆廖玻的湖里。两者提供的日期和地点是完全相符的。

后来,勃可莫罗夫还参阅了一些俄国人、英国人和法国人所记述的有关这方面的材料,一致认为拿破仑于1812年11月2日把从莫斯科掠夺的战利品扔进了萨姆廖玻的湖中。

但这样的事情，法国士兵会不会泄漏给俄国人呢？显然是不可能的。再说，即使居民知道法国皇帝这个秘密，大概也只能望湖兴叹。试想，在因战争而荒芜的小村子里，又有什么工具能把湖底的东西打捞上来呢？所以，勃可莫罗夫深信，如果战利品确实沉入了湖里，那它现在应还沉睡在不为人知的某个地方。这个地方是哪儿？这个湖又在何处？勃可莫罗夫在列宁图书馆花了大量时间进行查阅，几乎翻遍了所有的地图。但令人感到失望的是，在比亚吉玛、萨姆廖玻一带并没有什么湖。后来，他给苏联科学院地理研究所去了信，对方答复说："在比亚吉玛西南29千米的沼泽地有条叫萨姆廖夫卡的河。那块沼泽地也是以这个名字命名的。"离开比亚吉玛29千米的沼泽地，拿破仑11月1日在比亚吉玛，第二天来到萨姆廖玻……这样看来，随着岁月的推移，这条湖有可能是变成沼泽地了。

那么一百多年来，是否有人对这块地方进行过探索呢？勃可莫罗夫虽然查阅了许多资料，但收获甚微。后来，他给有关机构发了信，询问这方面的情况。大部分的回答是无可奉告，只有斯摩棱斯克地方政府内政管理局记录保存室提供了一点材料：1835年，根据斯摩棱斯克地区长官的命令，夏瓦列巴奇中校率领工兵部队曾对这个湖进行勘查。他们先测量了湖水的深度，在离水面5米左右深的地方，有堆像岩石般的堆积物，铅锥碰上去，似乎听到一种金属的声音。地区长官向国务大臣报告，国务大臣又呈报给沙皇。尼古拉一世拨款4000卢布，用来建立围堰，以便把水抽干。后来，围堰完成了，水也抽干了，但呈现在眼前的仅是一堆岩石。搜寻就此就中止了。

在1911年,根据克勒托诺娃公主和比亚吉玛地方的一些志愿者的要求,也曾进行过探索,但还是毫无结果。

综上所述,关于拿破仑的战利品突然失踪的问题,仍有待于人们的研究和发掘。

经济科技

世界文化探秘

赫歇耳和他的反射望远镜

　　伽利略发明了天文望远镜之后，相当长一段时期里人们都是用折射望远镜观测天文。为了提高望远镜的放大率，人们不断加长折射望远镜的镜身，最后长得难以使用。于是，人们萌发了制造反射望远镜的念头。

　　第一个提出反射望远镜方案的是英国数学家 J. 格雷戈里；第一个亲手制造第一架反射望远镜的是英国科学家牛顿；第一个制造出能用于专业观测的反射望远镜的是英国数学家 J. 哈德利；然而代表着早期反射望远镜的最高成就的是赫歇耳和他的反射望远镜。

　　英国人 W. 赫歇耳原来是个音乐家，但酷爱天文。他在1774年制出了他的第一架反射望远镜：口径15厘米，镜长2.1米（现保存在大英科学博物馆）。接着他又磨制了口径达22.5厘米、镜身3米和口径45厘米、镜身6米等一系列更大更好的反射望远镜。1781年3月13日，赫歇耳用他的反射望远镜发现了一颗新行星

——天王星,这一发现使他从一个音乐家一下子成为了举世闻名的天文学家。

1786年,他编出了包括2500个星云的星表。天王星的发现和天文学上的成就更激励他磨制望远镜的热情。英国国王乔治二世慷慨解囊,出资2000英镑。1789年底他研制成口径122厘米、长12.2米的巨型望远镜,这

架庞然大物终于被安装在一个巨大的木架上,像一尊指向天空的巨炮。这架巨型望远镜投入观测的第一夜,赫歇耳就发现了土卫一和土卫二,还发现了大量双星、星团和星云。

1822年,赫歇耳去世。1839年,这架巨炮似的巨型反射望远镜被人们从支离破碎的木架上放倒,目前保存在胡斯天文台的花园中,成为早期天文学的历史见证。

赫歇耳和他的望远镜使人类的探测能力首次超出了太阳系之外,到达了恒星世界。

古印度人制造宇宙飞船之谜

印度南部的古城甘吉布勒姆有424座神庙,据说最多时曾达到1000座,被称为"寺庙之城"。在这里的神庙中,除了湿婆、毗湿奴、黑天、罗摩等众多古印度的神灵雕像外,还有一种飞船的雕塑。这种飞船雕塑被雕成不同样式,上面刻有众多神话人物,但它们有一个共同的名称——战神之车。

一般人往往认为,这种飞船就是神话中人物乘坐的器具,是神话杜撰的子须乌有之物。然而,1943年,印度南部的迈索尔市梵语图书馆却从一座倒塌的庙宇地下室中,发现了一份古代梵文本简稿件。在这份稿件中,以6000行的篇幅,详细记载了"战神之车"飞船的构造、驱动方式、制造飞船的原料乃至飞行员的训练与服装等众多细节。据记载,"战神之车"的飞行速度,如换算成现代计算单位为每小时5700千米。

印度梵语学者和技术专家们合作,依据这份文献和其他古籍中的记载,对"战神之车"进行了仿造。仿造后的研究结果表明,就技术水平来说,这种"战神之车"并不是惊人的奇迹。但不要忘了,这是与现代科技对比而言,而飞船是在史前时代建造的。

研究者们认为,"战神之车"是一种多重结构的飞船,当时的飞船已装备了绝缘装置、电子装置、抽气装置、螺旋翼、避雷针,

以及安装在飞船尾部的喷焰式发动机。文献中多次指明飞船呈金字塔形，顶端覆盖着透明的盖子。

建造这样的飞船无疑需要多种现代高科技水平的能力，更需要现代物理学特别是空气动力学的理论基础。这对现代人来说，也是在本世纪初才刚刚解决了的难题。两千多年前，是谁在古印度造成了这样的飞船呢？

古印度人似乎并不是飞船的建造者，他们既没有建造飞船必要的技术能力，也没有驾驶飞船的科学知识。对他们来说，飞船只是神灵们的交通工具。那么，这些驾驶飞船的古印度神灵，究竟又是谁呢？

古希腊人制造过齿轮计算机吗

1900年，一位以采集海绵为职业的希腊潜水员，在安蒂基西拉海峡的水底发现一个巨大的黑影。他游过去一看，不由大吃一惊。原来，这是一艘古代沉船的残骸。这个意外的发现使他高兴万分，他再度潜下水，仔细察看，发现古船里装有大理石雕像和青铜雕像。

不久这条沉船被打捞上来。经专家考证，这是一艘沉没水下已达2000年之久的古船。也就是说，它在公元初就沉没了。船上珍贵的古代艺术珍宝马上得到了挽救和保护。

然而，奇迹很快就发生了，而它的价值远远超过了所有雕像。

那是在工作人员分析、清理船上物品时发现的，在没有用的杂物中有一团沾满锈痕的东西。经过认真地处理，人们发现那里面有青铜版，还有一块被机械加工的铜圆圈残段，上面刻有精细的刻度和奇怪的文字。专家们马上意识到这圆圈非同一般，古代船上怎么会有这样的东西呢？

经过两次认真的拆卸、清洗之后，专家们更加惊叹不已。摆在他们面前的些细节部分清洗后显出的原形，竟是一台真正的机器，这台机器是由活动指针、复杂的刻度盘、旋转的齿轮和刻着文字的金属版组成的，经复制发现它有二十多个小型齿轮，一种卷动传动装置和一只冠状齿轮，在一侧是一根指轴，指轴一转动，刻度盘便可以各种不同的速度随之转动。指针被青铜活动版保护起来，上面有长长的铭文供人阅读。

美国学者普莱斯用X光检查了这台机械装置，认为它是一台计算机，用它可以计算太阳、月亮和其他一些行星的运行。据检测，它的制造年代是公元前82年。这不能不令世人感到惊异。要知道，计算机是1642年才由帕斯卡尔发明的，而且当时他制造的计算机械准确度很差。虽然人们公认希腊人是古代最有智慧的民族，但这台古代计算机的出现，还是令人感到不可理解。

还有，这个机械装置全部是由金属制成的，使用了精密的齿轮传动装置。而人们都知道金属齿轮传动是在文艺复兴时代才使用的。这涉及到制作它时必须具备的车、钳、铣、刨等机械加工工具，而这些工具在古希腊都是根本就不存在的。

于是人们不得不面临这样一个问题：这台"安蒂基西拉机器"

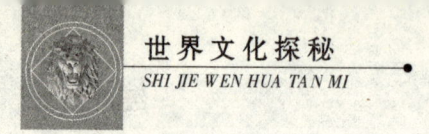

到底是谁制造的？

有人说，如果它确是古希腊人制造的，那么人们对古希腊科学技术的理解恐怕要彻底改写。但这改写又没法进行，因为这个计算机只是一个孤证，关于它的制造的一切人们都无法得知。在古希腊和其他一切古代民族的文献中，也从来没有任何关于计算机机械的记载。

如果它不是古希腊人所造，那么必定出于远比古希腊人更有智慧，科学技术和工艺水平也要高得多的智慧生命之手。

那么，它是谁造的呢？

无线电是谁发明的

关于无线电的发明人，在西方公认是马可尼，俄罗斯却认为是波波夫，这个问题争论了1个多世纪至今也没有定论。

1859年3月，波波夫出生在俄国乌拉尔一个牧师的家庭里，他从小就对电工技术有一种特别的嗜好。12岁那年他自己制作了一块电池，还用电铃把家里的钟改装成闹钟。18岁时，波波夫考进彼得堡大学物理系，不久转入森林学院学习，这里活跃的学术氛围使他打下了扎实的基础。由于家庭贫困，波波夫只好半工半读维持学习并且以优异的成绩毕业。

1888年，波波夫听到了赫兹发现电磁波的消息后开始萌生要让电磁波飞跃全球的梦想。

1894年,35岁的波波夫成功发明了当时世界上最先进的无线电接收机。波波夫对无线电通信的最主要贡献在于他发现了天线的作用,他的接收机所使用的导线是世界上的第一根天线。

1895年5月7日,波波夫带着他发明的无线电接收机在彼得堡的俄罗斯物理学会上宣读论文并且进行演示,结果大获成功。

1896年3月24日他波波夫又进行了一次正式的无线电传递莫尔斯电码的表演。他把接收机安放在物理学会会议大厅内,然后把发射机安装在森林学院内,两地间隔250米,当他的助手把信号发射出去后波波夫这边的接收机立即清晰的接到信号,然而波波夫的发明在俄国却没有被采用。

1895年,波波夫曾经向俄国政府申请1000卢布进行无线电实验的投资,可是陆军部长告诉他:我绝不允许把钱浪费在这样的幻想里。

再说说马可尼,1874年他出生在意大利一个农庄主的家庭。1894年赫兹去世,刚满20岁的马可尼在电器杂志上读到了赫兹的实验报告。从小就喜欢摆弄线圈电铃的他一下子就对电磁波发生了浓厚的兴趣。他认为:既然赫兹能在几米外测出电磁波那么只要有足够灵敏的接收机就一定能在更远的地方接收到电磁波。他在家里的楼上安装了发射电波的装置,楼下放置了接收机与电铃来相接。父亲见他不务正业大为不满,斥责他是不切实际的空想家,邻居们更是对他百般嘲讽。可是他并不气馁,终于有一天父亲正在楼下看报纸,忽然听到一阵铃声,接着,儿子欢天喜地地跑下来抱着他大叫:我成功了!父亲此时才看到儿子的杰出的才能,开始给马可尼经济支助让他一心搞实验。第二年的夏天,马可尼又完成了一次非常成功的实验。到了秋天,实验又取得空前的进展。他把发射机放在一座山岗的一侧,接收机安放在山岗的另一侧,中间距离2700米,当助手发送信号时他守侯着的接收机的电铃发出了清脆的铃声。

可是接下来的实验需要大量的资金,父亲已经没有能力来供给。于是,马可尼向政府寻求援助,但是保守的意大利当局对此不屑一顾。不过,英国人对此表现出了浓厚的兴趣,很多财团愿意支助他。于是,马可尼在1896年来到英国。

1901年,马可尼在英国建立了一座高耸入云的发射塔向大西洋彼岸发射信号获得了成功。1937年马可尼逝世,意大利有近万人为他送葬。英国所有无线电报和无线电话以及广播电台停工两分钟向他致哀。

1905年,一场关于无线电发明权的诉讼在美国沸沸扬扬。最终,北美巡回法庭判定:马可尼是无线电的发明人。第二年,波波夫因为脑溢血去世,享年47岁。

1909年11月,35岁的马可尼荣获该年度的诺贝尔物理学奖。尽管马可尼在西方的地位已经无可动摇,但是俄罗斯人始终认为波波夫才是第一个发明无线电的人。这个遗案,至今还没有解决。

实际上关于无线电的发明者别的国家也有不同的看法:英国人把麦克思韦奉为无线电之父,认为他最先指出电磁波的存在。德国人认为赫兹才是无线电的开创者,因为他最早发现了电磁波。美国人则认为德福勒思特是无线电发明者,因为他发明了无线电通信器材的心脏——三极管。

究竟是谁发明了无线电通信呢？或许可以这样认为：无线电的发明是众多科学家集体智慧的结晶，他们的功绩都是不可磨灭的。

先进的卫星返回技术

1960年8月，美国"发现者"号卫星返回舱从轨道上返回地面，揭开了卫星返回技术的发展序幕。同年同月，前苏联发射了载有两只小狗的"伴侣"5号生物卫星，在绕地球飞行18圈后也成功返回地面。随后中国的卫星返回技术之后也踏入世界先进行列。1975年11月26日，中国成功发射了第一颗返回式卫星，它于11月29日按预定计划返回地面。由此中国成为世界上第三个掌握回收卫星技术的国家。

要卫星安全返回地面，卫星上必须装有测控系统、姿态控制系统、制动发动机、回收系统和返回防热系统。

卫星的返回技术要求在4个阶段过程中毫厘不差。当卫星脱离运行轨道进行制动飞行时，制动火箭要准确点火，这是返回舱保持规定状态的保证。当卫星在大气层外自由下降，于100千米左右的高度开始进入大气层时，必须精确控制下降起始点的位置和高度以及下降时的速度和方向。卫星进入大气层之后，会急剧减速，同空气强烈摩擦产生极高的热量，返回舱表面的最高温度可达1000℃以上，稍一不慎，即会烧毁，以至前功尽弃。最后卫星返回舱下降到

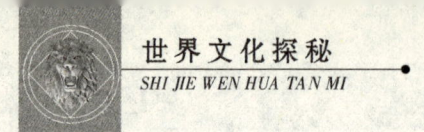

15千米以下高度时，需打开降落伞减速，才能在海上或陆地安全降落回收。

返回式遥感卫星和地球资源卫星性质一致，只是寿命较短，但可以回收。卫星上如载有红外多光谱扫描仪或可见光照相机等遥感仪器，则可以广泛地应用于国土普查、地震监测、环境监测等领域，由于对地面观察范围大，数据收集快，有利于动态和快速监测。

文学艺术

文学艺术

《荷马史诗》的作者究竟是谁

所谓"荷马之谜"是指古希腊行吟诗人荷马及《荷马史诗》——《伊利亚特》和《奥德赛》等有关问题上的一系列谜案（学术界称之为"荷马问题"），众说纷纭，争执不休，时至今日，未能予以解读。

这些谜案涉及问题甚多，诸如荷马是否真有其人，荷马的生卒年代及其出生地在何处，《荷马史诗》的作者究竟是谁，历史上到底有没有发生过特洛伊战争等等。自古以来，学者们围绕着这些谜案就有诸多说法，难以取得共识。

一般认为，荷马活跃于公元前9世纪~前8世纪之间。但早于或晚于这一时代的说法也不少。古代有一种传说，认为荷马生于公元前1159年，即生于公元前1世纪中叶，与此相左的一种说法是，荷马出生的年代至少要晚500~600百年，这主要是依据古希腊一位地方志作者鲍萨尼阿斯的记述，即在公元前7世纪初希腊诗人卡利诺斯的诗篇中就已提到荷马其人其事。而古罗马史学家塞奥彭波斯说得更肯定,荷马生于公元前686年。中国学者杨宪益认为这一年代"似乎晚了一点"。有鉴于此,国内外多数学者主张把荷马的时代锁定在公元前9世纪—前8世纪更为恰当些。

但也有人认为荷马只是古希腊史上的一个传说中的人物。古今中外都有一些职业盲人乐师或艺人,他们以游吟说唱谋生,荷马可能就是古希腊游吟盲诗人中的一个。西方有不少学者还对"荷马"一字的含义作过考释:有人说这个字是"人质"的意思,即荷马很可能是在战争中被抓获的俘虏;也有人认为这个字带有"群组"的意思,由此推断出荷马是一群诗人而非一个真实的诗人。

至于荷马的出生地,说法更是五花八门。有人作过粗略统计,少说也有十余处地方。凡是古希腊一些城邦之地都被说成是荷马的诞生地。诸如雅典、斯弥尔纳、科洛丰、皮罗斯等。但多数古代记载说他是出生于爱琴海东面的希俄斯岛。但古希腊抒情诗人品达(约前522~前442)认为,荷马出生于今土耳其境内的海港士麦那。

然而,荷马问题的谜中之谜是,《伊利亚特》和《奥德赛》这两大史诗的作者究竟是谁?自古至今,一直是学术界争论不休、亘古探索的一大疑案。

古希腊经典派作家如希罗多德、修昔底德、希波克拉斯、品达、色诺芬、阿里斯托芬、柏拉图、亚里士多德等都持"肯定说",认为荷马是这两大史诗的作者,而且他们还在各自的著述中引用过荷马史诗。虽然引用的话本、抄本和版本有所不同,但对荷马的影响均予以称颂。例如,柏拉图在《理想国》中就说过"荷马教育了希腊"。据云，古希腊亚历山大学派的文人学者曾经仔细推敲过这两部史诗，希望发现其中的历史和地理的讹误，但他们从未怀疑过荷马是史诗的唯一作者。欧洲文艺复兴时期的一些人文学者也对荷马作为史诗唯一作者的身份深信不疑。

《我的太阳》指的到底是什么

很少有像《我的太阳》这样在全世界广为流行的民歌，这首民歌经过意大利著名歌唱家斯泰方诺、帕瓦罗蒂和卡鲁索的演唱后，在20世纪后半叶成为世界上最流行的创作民歌。而作为一首艺术歌曲，它又成了各国音乐家在音乐会经常演唱的曲目，同时它也是各地声乐比赛中所演唱的重要曲目之一。在我国，《我的太阳》成为最流行的外国民歌之一。

《我的太阳》是意大利著名作曲家卡普阿（1864—1917年）于1898年创作的一首声乐曲。在同年举行的那波里音乐节上首次演唱，此后，不胫而走。像其他著名的创作民歌一样，这首歌民族风格浓郁，曲调优美，因而得以广为流传，经历半个世纪的传唱，成为了一首世界性民歌。关于这首歌还有一则趣闻：在1952年举行的赫尔辛基奥运会开幕式上，当意大利运动员入场时，乐队突然奏起了《我的太阳》，当时70000名观众哗然：先是哄然大笑，随后便群情激奋，伴着节奏鼓掌跺脚，跟着齐声和唱。这是什么缘故呢？原来，在奥运会开幕式上，运动员入场时要演奏本国国歌，当时意大利驻芬兰使馆没有向大会组织者提供国歌，而组织官员们也许是出于对墨索里尼法西斯政府的厌恶而懒得去索取乐谱，所以当意大利运动员入场时，乐队指挥才发现少了意大利国歌乐谱，但他急中生智，马上指挥乐队演奏了《我的太阳》这支流行歌曲。

这首歌有此不平凡的经历，后来便更广泛地流行开来，它被改编成各种管弦乐曲和通俗曲，成为音乐会上常常演奏的小品。

尽管如此，人们对《我的太阳》中的"太阳"究竟指的是什么，存在着不同看法。有人认为这是卡普阿写的一首情歌，他是把心目中的爱人比作太阳。原歌词大意是："风雨过后天空晴朗，阳光灿烂辉煌，空气清新精神爽。啊，多么耀眼的阳光；啊，美丽的太阳，我的太阳。"这首简单的两部曲式的歌曲速度中庸，曲调优美，热情洋溢地倾诉了作者对心中的太阳——热恋中的情人的赞美和爱慕之情。

但也有人认为"我的太阳"喻指的是爱人的笑容。在《罗密欧与朱丽叶》中有两行诗写道："是什么光从那边窗户透射出来？那是东方，朱丽叶就是太阳。"卡普阿把情人美丽的笑容喻为"太阳"，表示真挚的爱情。

还有人认为此歌表示两兄弟之间的情感，有这样一个故事，说的是亲密无间相依为命的两兄弟，哥哥为了照顾好弟弟，让弟弟过上幸福的日子，代替弟弟出外受苦挣钱。当哥哥出门远行时，弟弟为他送行，唱了这首歌来表达自己的感激之情，而把哥哥比做自己心目中的太阳。

还有更离奇的传说，说是两兄弟同时爱上了一位美丽多情的姑娘，两人并没有为争夺美人而决斗，甚至没有争风吃醋，而是哥哥做出了牺牲，离家出走，把心目中的太阳——爱人留给了弟弟；弟弟含泪为哥哥送行，并演唱了这首情歌，同时把尊敬的兄长和钟爱的情人比做心目中的太阳。

因卡普阿生前未留下任何有关创作《我的太阳》的文字解释，因此"太阳"究竟所指什么，只能由后人去推测了。

是谁杀害了普希金

亚历山大·谢尔盖耶维奇·普希金是一位伟大的俄国诗人，俄罗斯近代文学的奠基者和俄罗斯文学语言的创建者。1799年，诗人诞生在莫斯科的一个贵族地主家庭。他少年时代就从事文学创作活动，青年时代深受启蒙思想的影响，憎恶沙皇的农奴专制统治，歌颂进步和自由，向贵族传统文学提出挑战。1820年，普希金根据民间故事和传说写成的第一部长篇叙事诗《鲁斯兰和柳德米拉》，被看作是近代俄国诗歌转变的开始。诗人普希金具有多方面的文学才华，他短暂的一生写了大量抒情诗、叙事诗、诗剧、小说、童话、文学批评和政论文章。1831年完成的诗体小说《叶甫盖尼·奥涅金》更为作者赢得了"世界第一流大诗人"的崇高荣誉。俄国文豪高尔基称赞这部作品"真实地描绘了时代的面貌"，著名文学批评家别林斯基把它称誉为"俄罗斯生活的百科全书"。然而，1837

年2月,正当诗人才华焕发的盛年,普希金却在与一个名叫丹特斯的法国保王党人的决斗中惨遭杀害,过早地离开了人世间。

事情的经过是这样的:1828年12月,普希金在莫斯科一个舞蹈教师家的舞会上,结识了公认为"莫斯科第一美人"的娜塔莉娅·尼古拉耶芙娜·冈察罗娃,两人一见钟情,不久便正式结婚。当时普希金在沙俄外交部供职,他的夫人经常出入上流社会。1834年,一位法国波旁王朝的亡命者乔治·丹特斯来到普希金夫妇所在的彼得堡,在沙皇禁卫军骑兵团任职,风流潇洒的丹特斯很快就结识了冈察罗娃,并且开始如痴如狂地追求她。在这种忍无可忍的情况下,普希金为了维护自己的荣誉而向丹特斯要求决斗。在决斗场上,丹特斯趁诗人还没有做好准备就首先开枪,使普希金受了致命的重伤,不久便溘然而逝。彼得堡有数万人到诗人生前的住处吊唁,报纸在刊登噩耗时说:"俄罗斯诗歌的太阳陨落了!"在《诗人之死》的诗文中写道:"一个法国纨绔子弟,用罪恶的手,扼杀了美、自由和诗。整个俄罗斯在哭泣,整个俄罗斯愤怒了:交出丹特斯!还我普希金!"

杀害一代"诗豪"的真正凶手是谁?人们在痛悼这位"俄罗斯诗歌的太阳"之时,也在深思着这样一个问题:杀害普希金的凶手难道仅仅是丹特斯一个人吗?

在文学史学界,长期以来认为丹特斯是杀人凶手,这个解释也是大多数专家学者所认可的。然而,一些研究专家经过对明文信史详尽的分析探究,提出了新的见解:原来,当时在位的沙皇尼古拉一世也为普希金妻子的美丽姿色所倾倒,为了让冈察罗娃能够经常参加宫廷晚会,沙皇在1834年底任命普希金为"宫廷近侍",此时诗人已经年届35岁，被迫成天夹杂在一群年轻侍从之中，普希金心中感到屈辱不平，他曾气愤地说过："我可以做一个平民百姓，甚至做一个奴隶，却永远不愿做个弄臣，哪怕就是在上帝那里。"沙皇对普希金也颇为不满，专门委派心腹密探暗中监视普希金的行动。后来，乔治·丹特斯在各种社交场合追求普希金的妻子冈察罗娃，就是受到沙皇的暗中怂恿和支持。同时，因为沙皇本人早就看中了诗人的妻子，于是就利用丹特斯这件事在彼得堡上流社会大肆造谣中伤，并且随之阴谋布置了丹特斯与诗人之间的生死决斗。诗人普希金在决斗中遇害之后，悼念追忆普希金的各种诗歌文章，成为当时反对沙皇暴政的战斗檄文。沙皇尼古拉一世做贼心虚，害怕普希金的葬礼会引起更大的事端，趁一个黑夜把诗人的棺柩悄悄从举行葬礼的教堂运走，送到远处的一座偏僻的圣山修道院里草草埋葬了。此事明显表现了沙皇对于诗人之死负有不可推卸的责任，诗人普希金作为俄罗斯文坛的巨子虽然过早地离开了人间，然而杀害他的直接凶手和间接凶手，包括沙皇和沙皇制度都已经永远被钉在历史的耻辱柱上了。

　　杀害普希金的凶手究竟是谁？在文学史学界，多数人的观点是认为丹特斯是杀人凶手，而另一些专家学者则更进一步提出：丹特斯是杀人的直接凶手，而沙皇尼古拉一世则是残杀诗人的间接凶手。各家论说互不一致，孰是孰非，难以定论。当读者们在欣赏品味普希金那隽永的诗句时，必定对杀害诗人的凶手感到愤慨，而希望及早解开个中之谜。

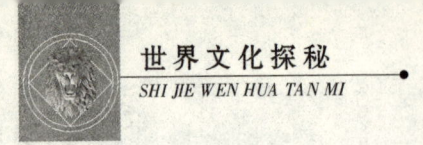
世界文化探秘
SHI JIE WEN HUA TAN MI

舒伯特终身未婚之谜

弗朗兹·舒伯特（公元 1797—1828 年）在维也纳近郊出生，在 19 世纪著名的大作曲家中，他是唯一一位地道的维也纳人。而这位著名的作曲家却终身没有结婚，这究竟是什么原因呢？有人把舒伯特终身未婚归结于其相貌。这位作曲家对自己的容貌也确实有自知之明。他个子矮小、大肚子、皮肤黝黑、厚厚的嘴唇、脑门很大。维也纳人称他为"蘑菇"。这样的长相加上他羞怯内向的气质，自然不受女性欢迎。有人以舒伯特的经济状况及他的性格作为他不恋爱结婚的原因。他的一生都是在穷困潦倒中度过的。另外，舒伯特独身也可能是受到贝多芬的影响。舒伯特把一生未婚的贝多芬视为自己心中的偶像，贝多芬在他心中像神一样神圣。

舒伯特像莫扎特一样预感到了自己将不久于人世（他在 25 岁时便染上了性病）。他心目中也许只有他的同代偶像，而把自己对女性毫无兴趣的生活视为正常而自觉满足。至少他没有结婚的愿望，因为在他的短暂的一生中，贝多芬对他的影响确确实实占据了重要的位置。一生命运坎坷，从没有真正恋爱过的作曲家，从未与女性接触过，却在 1822 年染上性病（可能是梅毒），这的确让人莫名其妙，也给他为何终身未婚蒙上了一层神秘色彩，以致现在还成为人们萦绕于脑海中的一个谜。

莫扎特和"黑衣使者"之谜

美国影片《莫扎特》曾获奥斯卡 8 项大奖,其中有这样一组镜头:在天空阴沉、大雪纷飞的维也纳,一个高大的黑衣人走街串巷,直到莫扎特寓所。嘭嘭的敲门声令作曲家非常害怕。开门后,黑衣人毫无表情的面孔更使莫扎特惊恐万分。以后莫扎特每次听到嘭嘭敲打铁门的声音,便不寒而栗。这导致莫扎特健康状况不断恶化,加速了他的死亡。这位神秘人物到底是谁,人们历来存在着争议。传统的传记作品中,都没有明确指出他是嫉贤妒能的宫廷作曲家萨里埃利手下的人。有人说是共济会派去的黑衣使者,因为莫扎特曾是这一组织的成员。因莫扎特在其歌剧《魔笛》中将该组织的某些秘密泄露而惹恼了这个秘密民间组织的领导者们,于是他们就用这个办法加害莫扎特。还有人认为此人是一个与名人贵族和大型组织没有任何关系的人,他只是一位平庸的作曲家(也有人认为他是一位受有钱的平庸作曲家雇佣的人)。他对莫扎特的情况十分熟悉,因而抓住他健康状况恶化、濒临死亡的时机,想以重金购买其作品为自己所有。

据最新资料表明,当时一位自诩为作曲家的"狂妄自大而又酸溜溜的维也纳贵族老爷"常常在家里举办音乐会。为纪念亡妻,他想让莫扎特写一部追悼其妻的安魂曲,并企图据为己有。于是他便

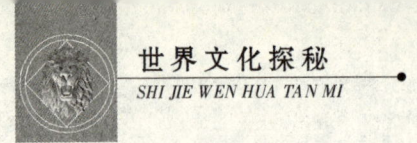

密谋遣使，其匿名的订单和黑衣使者令莫扎特不寒而栗。这位惯以重金收买作曲家的作品从而据为己有的老爷名叫斯图尔巴赫伯爵，其实早在上世纪上半叶就有资料对此有所提及，在丰子恺早期的《近代十大音乐家》中的莫扎特一章中就提到了这位骗子贵族。由此看来，黑衣使者可能就是这位附庸风雅的斯图尔巴赫伯爵派去的人。他的神秘让人惊恐不安，从而也在莫扎特这位音乐奇才头上罩上了一层神秘的阴影。其实，莫扎特本人在死前一年就由于恶化的健康状况和拮据的生活预感到自己将不久于人世。他曾坦然地对朋友们说："死亡已在我舌尖上，我已尝到它的味道。"就在这一年里，他写了1首安魂曲，5首弥撒曲，这可视为他有某种预感的证据。但是，大量考证又表明，即使在其临终时，莫扎特也未感觉到自己会立刻死去。因为有了这神秘的黑衣人，后世之人便备感迷惑，以为作曲家的死就是因为这个陌生人。可以令人确信的一点是：莫扎特的《安魂曲》在生前并没有创作完成，而是死后由他的学生许斯迈尔续完之后，按期交给了这位黑衣人。那么，这位神秘的"黑衣使者"到底是谁，至今仍然没有定论。

宗教民俗

宗教民俗

《圣经》的作者是谁

　　《圣经》是世界上印数最多的一部书，一向被认为是宗教教义的经典，称为"圣书"。它分《旧约》和《新约》两部分。其中《旧约》是犹太教的《圣经》，包括《律法书》、《历史书》《先知书》、《智慧书》四部分。内容涉及世界和人类起源的传说故事，还有犹太民族古代历史知识和犹太教的法典、先知书、诗歌、格言等许多作品，汇集了公元前1300年—前100年间的资料。《新

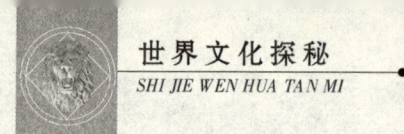

约》是基督教的经典,共27卷,是记载耶稣生平、言行等的。包括"四福音书"及《教会历史》、《书信》、《约翰的启示》四个部分。《圣经》是一部百科全书式的作品,对于后人研究犹太史、西亚地区的宗教史、法律史、文学史和基督教的产生都具有极高的价值。

犹太教和基督教神学家,尤其是传教士、牧师都认为《圣经》是神圣的书,如果不是上帝亲自编写的,也是上帝在西乃山上向摩西口授、由摩西记录的,因而内容绝对正确无讹,永远神圣不可侵犯。

他们承认《圣经》的作者可能不止一个,但是他们都是受了神的默示,否则不会这么一致。圣经不是只包括10个作者,而是40个。它不是在一个世代完成,而是经过1500年;作者没有相同的教育、文化和语言;教育有很大的差异,文化有许多的不同,来自三大洲和3种语言;并且不只写一个题目而是数以百计。然而圣经却有一致性,完全和谐,这不是巧合或串通所能解释的。圣经的一致性强而有力地证明它是神所默示的。

现在已有人证明并非上帝或摩西所做,而是古代巴勒斯坦地区的希伯莱人(包括以色列与犹太人),在漫长的艰苦岁月里创造的灿烂文化。他们用文字记载下来的一部最宝贵的文献,就是我们所说的《圣经》。

《旧约》学家、圣迭戈的加利福尼亚大学教授理查德·埃利奥特·弗里德曼研究了《旧约全书》头5篇,认为它们是由4名作者在公元前922年—前622年(摩西死后几百年)间陆陆续续写成的,并由1名编辑将4个人的著作编辑在一起。他认为《圣经》是

真实和杜撰的混合物。

许多人认为,《圣经》的作者是一群人的可能性较大,所以才出现了许多不同的词汇。布兰迪斯大学《圣经》课荣誉教授萨尔纳认为,《申命记》和《耶利未书》两本书的语言之所以有相似之处,很可能是后者受前者的影响,而不能说明《申命记》是由耶利未一人所写,《耶利未书》也不是耶利未一人所写。

但是福音派基督教徒和正统的犹太教徒一贯相信头 5 篇是由摩西所写。他们认为《圣经》里的记载是紧密结合在一起的,《圣经》故事虽有重复,但并不能认定是由多人所写,"用不同的说法不断重复"相同的故事,只不过是为了得出同一个结论,其中任何一个故事都无法将其删改。对上帝的不同称呼则是为了表示不同的职务——一个权威的上帝,一个慈悲的上帝。

但对许多虔诚的宗教徒来说,作者是谁并不重要,重要的是它

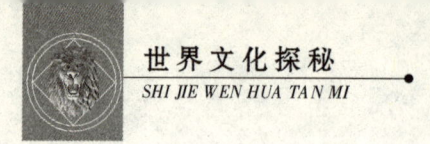

所包含的内容。不管《圣经》的作者是谁,它都是被宗教界所接受的范本。而且不仅仅是基督徒们的"圣书",因其本身具有相当高的文学价值,还为西方文学创作提供了取之不尽、用之不竭的源泉,成为欧美文学的宝库和土壤。

印度尼西亚"千佛寺"之谜

人们都公认由释迦牟尼创立的佛教产生于印度,然而世界上最大的佛塔却在印度尼西亚,而并非建于佛教起源国印度,这不能不说是一件令人奇怪的事情。

印度尼西亚的婆罗浮屠被列为东方文明的四大奇观之一,也是世界石刻艺术宝库之一。佛塔基座上刻有160块浮雕,这些浮雕都是根据佛经刻出来的。中部5层塔身和围墙上也刻有1300块精美浮雕,描绘了佛祖解脱之前日常生活的情景,但并不是佛教的传说,也有一些反映的是民间传说故事,有423尊塑像。这些浮雕刻画人物栩栩如生,形象逼真。

这座佛塔的名字中融合了印尼文化,并不是印度佛教文化简单的移植。"婆罗"一词来自梵文,是"庙宇"的意思;"浮屠"是古爪哇文,意为"山丘","婆罗浮屠"即为"山丘之庙"。佛塔的数量很多,佛像也很多,庙中佛像有一千多尊,大型浮雕一千四百余块。所以,在爪哇历史中,这座佛塔又被称为"千佛寺"。佛塔被后人发掘出来后,大批学者纷纷前来对它进行研究。然而,时至今日,它的秘密越来越多,人们都在努力探索,但都未能揭开这些秘密。

秘密之处首先在于建筑。关于佛塔的建筑年代在任何史料中都没有明确的记载。据考古学家们考证,从跋罗婆文写的碑铭上看,那些建筑年代久远,大约在公元 772—830 年间,具体什么时间却无法确定。

其次,塔内众多的佛像、雕石均有着深刻的含义。然而,它却不是容易为今人所理解的。迄今为止,世人能够理解的仅占 20%。如《独醒图》表现富贵不能淫;《救世图》赞扬佛的慈悲宽宏;《身教图》则教育人们不要冤冤相报,而剩下的大部分佛像雕石今人都已经很难理解其深刻含义了。

还有一个更多巧合的秘密是数字。在婆罗浮屠的整个建筑中，多次用到了8、10等数字。3层圆台上的小舍利塔的数目分别为32、24、16，塔内佛像总共有504尊，全部都是8的倍数。佛塔建筑中所有舍利塔的数目是73。而"73"的个位数与十位数之和恰好是10，这是佛教中一种圆空、轮回的教义的体现。另据传说，原来塔内佛像总数为505尊，后来由于塔顶原来的佛像修行圆满，达到涅槃，远走高飞了，所以现在的只剩下504尊。原佛像数505这3位数之和也是10，这与舍利塔的总数目具有相同的道理，即从0出发，经过9个实数后，回复到0，故10等于0。佛像在数字方面时时都注意体现教义。

随着佛塔神秘面纱的揭开，也许会出现越来越多的类似的谜，人们目前还无法完全去破译这些谜的谜底。但随着相信时间的推移和高科技的发展，神秘的千佛寺将完全地展露在世人面前。

海地巫毒教之谜

海地是全球第一个黑人共和国，也是美洲新大陆第二个独立国，在1804年1月1日宣布独立。哥伦布最早发现了今日海地国家的所在，并将它命名为艾斯盆纽拉岛。现在的海地岛为许多人所知，是因为这里有一种诡异的宗教——巫毒教。"巫毒"（Voodoo)，原意是"精灵"的意思。它原来是流行于西非加纳等地的一种神秘宗教。16世纪时，海地沦为法国殖民地，法国的白人殖民者把大量非洲黑奴贩卖到海地的同时，也把流行于非洲的原始宗教带到了海地，后来这些非洲黑奴将罗马天主教许多繁杂的宗教仪式与当地土教混合，便形成了神秘、诡异、令人恐怖的巫毒教。

巫毒教教义认为：现存的天下万物，都不过是一种表象，背后还有更重要的灵魂力量在活动。这个灵魂世界的首领是个名叫力格巴的神，他是人与幽灵的媒介，其他还有蛇神等。巫师和术士则是人与神的媒介。在巫毒教的繁杂仪式中，拜祭时要向这些神祇祷告，求神帮助。巫毒教中那些稀奇古怪的午夜祭礼仪式，一般都是在丛林深处的庙宇里举行。仪式首先是大祭司祷告、念咒和奠酒，然后在地上画些灵符祭神，最后是进行唱歌、击鼓和跳舞等其他活动。

许多海地人相信，如果不参加巫毒教的祭礼，便难免被其所害。这种恐惧心理和周围群体的无形压力，使巫毒教在海地变得神

秘莫测。据说,已故海地独裁者杜瓦利为加强自己的统治,就曾利用巫毒教迷惑和愚弄百姓。他自称有大祭司的权利,又封他手下那些残忍好杀的秘密警察为"回巫术师"。这种恐怖统治,更助长了巫毒教的猖獗。

在巫毒教的邪恶行为中,最令人毛骨悚然的是制造"还魂尸"。所谓"还魂尸"是指一种处于生与死的临界状态之间的活死人,即"会走路的死人"。据说巫毒教有一些秘密组织,在巫师收取主家一定数量的金钱后,便施法向指定的某个活人施以毒咒使其死亡,再对其尸体施以还魂术使之复活,将其变成无知觉、无意识而能干活、任由主人随意奴役和支配的"活死人"。人类学家梅特罗在他的专著《海地的巫毒教》中这样描写还魂尸:"他全身冰凉,能行动,能吃东西,能听从主人对他的指令,但却没有记忆力,也不知道自己身处的环境。"

海地人往往相信巫毒教术有起死回生的魔力。术士将死尸的灵魂偷走,然后使死尸复活,变成一具能够活动但没有意志的还魂尸。如果事先采取适当措施,还魂尸便会从此任由主人摆布,唯命是从。

据说1959年的某一天,一具还魂尸蹒跚走进海地一个村落,闯入一所私人住宅的院子。户主将还魂尸双手缚住,送到当地警察局。警察给还魂尸喝了一杯盐水,使他恢复神志,这才知道他的姓名。他们还获悉还魂尸有个姑母住在村里,于是派人把她找来协助调查。那名妇人到来后,证明还魂尸确是她侄儿,但他4年前已经死去,她还参加了他的葬礼。

还魂尸在该村天主教神甫查问下,称当地一个巫师囚禁着许多还魂尸，自己只是其中一具。警察知道后，慑于巫师的法术，决定将还魂尸还给他。但过了两天，那可怜的家伙死了。警察怀疑是恶毒的巫师要报复还魂尸告密而杀死他的，于是将巫师逮捕。可是，警察没有救出其他还魂尸，后来查实，是巫师的妻子带着他们逃到山中去了。

过去，外国来到海地的人听到当地土著述说"还魂尸"，总以为这只不过是一种传说或恐吓。但当他们来到海地实地考察时，发现不少当地人在埋葬自家的亲属之前，为了避免他们当还魂尸，便常常先把死尸的喉管割断，或是在心脏处钉上大铁钉。这种异常的行为引起不少科学家的震惊和重视。

据记载，1930年法国人类学家德鲁基在海地亲眼看到了4个奇怪的人在田间干活，"他们穿着麻袋片做成的破烂衣服，双手软绵绵地垂在两旁，脸孔和手似乎都没有肉，皮肤则像皱羊皮纸似的附在骨头上。"后来，他才知道，这些是还魂尸。

1982年，在美国《国民询问报》上，曾刊登了一位名叫纳西斯的海地黑人被变成"还魂尸"的遭遇。据称，1962年，纳西斯因财产纠纷被哥哥串通巫师所害。他先是莫名其妙地病倒，然后又觉得自己全身冰凉，并迷迷糊糊地听到医生宣布自己已死亡，还感到自己被埋进坟墓，后来又被缚住双手带到一个农场，和一百多个有着同样命运的人一起干活。终于有一天，工头忘了给他服药，他才恢复神智逃离魔窟。直到1980年，他得知哥哥已经去世后，才怀着复杂的心情返回了故乡。后来，海地太子港精神病中心的有关专家对纳西斯进行了全面的检查，最后的医检报告是："他确实是被施行过还魂术。"

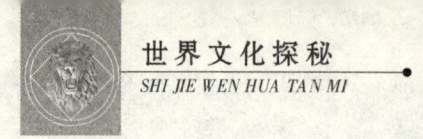

那么,邪恶的巫师是怎样施法致受害者于死地,并将他们变成还魂尸,从而继续控制他们作工的呢?有人认为,受害人是得知自己被人脑咒之后,因精神遭受毁灭性的摧残而陷入一种似死非死的状态,后又被巫师们控制而成为"行尸"的。但巫毒教怎样实施控制,怎样使受害人还魂,人们至今也没弄清楚。

印第安人的"朝圣"源于何时

在秘鲁,印第安人每年在复活节后大约9个星期,都要举行历时几天的盛大朝圣活动。届时,成千上万的印第安人穿着饰有羽毛的服装,从各地载歌载舞地涌向位于库斯科以东80千米处的被称作"雪星"的圣地,他们将在这个建在冰山山脚的圣地上的水泥大圣坛旁过夜。

深夜两点,在朝圣活动中被选出来代表整个村子的年轻的"乌库库",穿上熊皮服装,出发去攀登冰山。这是朝圣的重要组成部分。黎明时分,"乌库库"们登上冰山顶部后,便在冰上挖一个洞,点上蜡烛作祷告。祷告后,"乌库库"们开始下山,在冰山脚下,敲下一些大冰块,把它们背向圣坛,分给村里的人。印第安人确信,从圣山上取下来的冰块有治病的效力。

这时,圣坛舞蹈和祈祷还在进行。圣坛上摆放着一块基督像的岩石,这块岩石是为了纪念两个世纪前,居住在山坳中一个名叫玛丽亚诺的青年牧民看到了基督显世这一奇迹。数百支蜡烛照亮了那些在圣像前哭泣和祈祷的人们的脸，他们在为基督受苦受难而哭泣。当攀登冰山的"乌库库"归来后，圣坛旁响起了最后的弥撒："'雪星'的基督，赐福于我吧，这样我可以回家了。"然后，人群散开，开始排成一路纵队，抬着基督像，沿着蜿蜒的山间小路往回走。回到村子后，人们乘着曙光将基督像安放在小礼拜堂内。

秘鲁印第安人这一盛大的朝圣活动颇为人类学家们所关注，但迄今为止，他们对这一朝圣的起源仍争论不休。有人认为，秘鲁印第安人的朝圣活动是为纪念1780年基督奇迹般的出现而举行并沿袭至今的。这种看法实际上是认为朝圣活动是在哥伦布发现新大陆后才兴起来的。但更多的人认为，这一朝圣活动起源于哥伦布发现新大陆之前。对朝圣活动起源的这两种截然不同的观点，实质上反映了他们对基督教的看法，即这一朝圣的基督教成分——蜡烛、弥撒、基督像只是披在古代印第安人信仰上的纤薄外衣呢？还是这些基督教成分已同印第安人宗教结合形成一个全新的由不同宗教结合起来的信仰？秘鲁印第安人的朝圣活动起源之谜，由此而变得更耐人寻味了。

图腾起源于氏族标志吗

图腾是原始人群体的亲属、祖先、保护神的标志与象征。这是人类历史上最早的一种奇特的文化现象。社会生产力的低下和原始民族对自然的无知则是图腾产生的基础。求生与种族繁衍的共同欲望使得原始民族产生了自己的图腾。大量民族学材料和图腾神话表明，在中国，满族以喜鹊为图腾，白族以虎为图腾，维吾尔族奉狼为图腾，殷商氏族奉桑树为图腾，苗族以枫树为图腾，云南部分民族以竹为图腾，部分彝族奉葫芦为图腾，云南新平县的彝族则以猪槽为图腾……

在近现代一些民族中仍可找到以亲属称谓称呼图腾动物的遗迹，如南非的博茨瓦纳人称鳄鱼为"父亲"，西非的班巴拉人称一种野牛为"爹爹"，我国东北的鄂伦春族称公熊为"祖父"，称母熊为"祖母"。原始人把某种动植物作为自己的亲属和祖先，有着各种原因。首先，猛兽的侵袭使原始人感到恐惧，为了安全，他们采取认亲的办法，以求获得保护。其次，当某物有功于人，人们对其产生感激之情，便认其为亲属或祖先，以求永远保护自己。三是，原始人选某动物或物象为图腾，是惊叹其特殊的本领或仰慕大自然的伟力，希望自己也获得这种本领或伟力，以利于生存和安全。四是，原始人把一些动植物崇奉为图腾来祭祀，是由于认为它们与氏族繁衍有关。

图腾起源是民族学中最难考证的一个问题。20世纪下半叶全球掀起的寻根热，使图腾起源问题又成为各国学者感兴趣的问题。各国学者提出多种有关图腾起源的理论。

法国社会学家提出象征论。认为氏族需要一个标志作为联系的中心，而氏族本身不具备这种功能，因而借用某种动植物作为自己的标志和象征。由于原始人发生感情上的混淆，遂把氏族与标志混为一体，于是某种动植物便被视为该氏族的亲属、祖先和保护神。

英国学者提出名目论。推测"狐氏族"因其祖先的体型或性格像狐而得此称，其后代就被称为狐的儿女。年深日久，名称的起源被遗忘，后代误以为自己的祖先是真正的狐，遂形成"狐氏族"，并产生相应的图腾。

奥地利心理学家提出"恋母情结"说。此说认为，最初家庭是由一个成年男性和几个妻子及一些孩子组成的。由于男孩对母亲怀着一种依赖，便认父亲为情敌，但又因父亲的养育之恩而应尽爱父亲的义务。于是，在男孩的情感中形成了"爱恶的混合"，他开始寻找一种作为父亲"替代物"的动物来发泄他的敌意和恐惧。男孩长大后，因迷恋母亲而被"吃醋的"父亲以暴力赶出家庭。被驱逐的兄弟们聚集在一起，杀害并吞食了他们的父亲。兄弟们既恨又爱自己的父亲，杀父后他们既感到快意，同时也产生了追悔莫及的罪恶感。于是，亡父被形容得比生前更伟大。他们禁止杀食曾作为父亲替身的动物，以示忏悔。后来这种动物便成为图腾，并产生不准杀食图腾的禁忌。

有一位英国学者提出妊娠说。指出，原始人不明白婴儿诞生的原因，他们以为妊娠是婴儿灵魂进入妇女体内所致，进入的时间是在母亲感到腹中有胎儿时。为了解释这种妊娠事实，原始时代的妇女自然地把胎儿在子宫中的活动与某种令人吃惊的一闪即逝的神秘物像混在一起，后来这种物像便成为图腾，并受到崇拜。

还有英国学者倡导转嫁论。该理论指出，原始人把人类社会结构和血亲关系转嫁到自然界的生物与非生物之中，误认为自然界类似人类社会，也被划分为许多群体和社会，人类群体与某种动植物存在亲属关系。换言之，这一动物或植物也就成为某一人类群体的图腾。

荷兰学者则提出灵魂论。这种理论认为，原始人信奉灵魂轮回，人死后灵魂会进入某种动物体内继续生存，这种动物便成为死者亲属的亲族、祖先和图腾，并受到崇拜。

迄今为止，尽管有关图腾起源的理论达几十种之多，但尚无定论。因此，图腾起源问题仍需国内外学者继续研究和探讨。

非洲伏都教之谜

伏都教确切的起源大家都不得而知，但是人们普遍同意这种观点，即伏都教起源于西非。人们认为，西非国家贝宁是伏都教诞生的摇篮。在当地的语言中，伏都是"神"、"精灵"的意思。作为一种崇神教，伏都教可能是从古老的祖先崇拜和精灵崇拜传统演变而来。在历史上伏都教曾不止一次遭到禁止，现在却是贝宁的法定宗教之一，其信徒仅在贝宁一国就有400万之多。在其他非洲国家、加勒比海、南美、新奥尔良和其他地区也存在各种各样的伏都教。

在多哥南部地区有一个小村庄——祖梯，它以其凶猛勇敢的武士、血腥的伏都教典礼仪式而闻名。

这个小村子里的人们相信，在特殊的伏都教典礼仪式上，教徒们能够与神灵沟通、交流，并且祷告者能够传达神的旨意。

在教徒们的心中，伏都教的上帝具有无穷的力量，不仅能够在战争中保护男人们，而且能够使得他们战胜别人，永远无敌。当祖梯的男人们准备战争的时候，他们能够忘却恐惧，不再害怕。即使在战斗中受伤，武士们也可以完全感受不到疼痛。

当多哥的这个小村庄的村民们聚集在一起时，一个很重要的仪式就是教徒们在祖先面前跳起面具舞。在非洲炎热的夏天晚上，鼓声响遍了村庄的各个角落，过去和现在都融合、交织在一起，在伏都教的典礼仪式上，扮演祖先的村民表演者在人们面前跳起了面具舞。在这种充满了恐惧和希望的宗教典礼仪式上，教徒们想要把未来的希望寄托在祖先身上，期盼祖先能够保佑他们。这种扮演祖先的面具舞有一个重要的目的，就是化解人们之间的矛盾，教化人们懂理，使社会和谐，释放人们在社会中遇到的负担与困难。扮演已经逝去的祖先并不是一件很容易的事情，这需要对现实生活有强烈的责任感，在日常生活中能够行为规矩，起到榜样的作用。

另外一方面，伏都教的面具舞仪式还担负着一个很重要的任务

——曝光村庄里不正当的行为，并且用宗教的方式来惩罚他们。在表演中，经常可以见到对这种罪恶行为的惩罚。

如果受到这种宗教舞蹈的感化，罪恶的人们就能够主动向村民们坦白自己所犯下的错误，承认他们的罪行。然后他们将要在现实社会中施行象征性宗教仪式的惩罚，包括死亡。但是只要向伏都教的神灵主动提供献礼、祭品，如钱财或者酒，这个人就可以从宗教中解脱自己。

伏都教的面具舞通常由每个村庄里的具有一定辈分的伏都教发起人来进行表演，这些经正式介绍加入的教徒组成了秘密宗教团体，他们都是经历过了一系列错综复杂的宗教仪式才被接受加入组织的。一旦成为正式的教徒，他们不仅要能够了解、熟悉这些面具所代表的力量，而且要精通有关伏都教的各种神话故事、祈祷仪式、圣歌以及不可思议的宗教习惯。一般只有男人们才有资格去演奏这些神圣的宗教乐器，例如敲打鼓，这些音乐能够使面具舞的表演者纷纷陷于恍惚、出神的状态，甚至女性的角色都要男人们来扮演。

伏都教是一个合法的宗教，尽管伏都教在世界上有很多形式，但是人们对它却存在很多误解。伏都教已经超出了宗教的范围——在教徒中正在逐渐形成一种世界观、在伏都教的教义中，人们还发现它是一种关于怎样培养孩子、教育人们的观念。

萨满教之谜

萨满教是在原始信仰基础上逐渐丰富与发展起来的一种民间信仰活动。它曾经长期盛行于我国北方各民族。一般认为，萨满教起源于原始渔猎时代。

该教具有较冥杂的灵魂观念，在万物有灵信念支配下，以崇奉氏族或部落的祖灵为主，兼有自然崇拜和图腾崇拜的内容。崇拜对象极为广泛，有各种神灵、动植物以及无生命的自然物和自然现象。没有成文的经典，没有宗教组织和特定的创始人，没有寺庙，也没有统一、规范化的宗教仪礼。巫师的职位常在本部落氏族中靠口传身授世代嬗递。

在中国东北诸民族萨满的跳神仪式中，尽管不同民族的萨满有不同的程式，甚至不同的氏族之间亦不尽相同，但基本程序是完全相同的：请神——向神灵献祭；降神——用鼓语呼唤神灵的到来；领神——神灵附体后萨满代神立言；送神——将神灵送走。这样，请神（献牲）、降神（脱魂）、领神（凭灵）、送神便构成了阿尔泰语系诸族萨满仪式的基本架构。

萨满教的自然崇拜主要是拜火，拜山，拜日月星辰、风雨雷电。鄂温克、鄂伦春人对熊异常敬畏，认为是自己的先人，禁止猎捕。祖神崇拜是萨满教崇拜的主体。鄂伦春人每个氏族都有自己的祖神，多是氏族内亡故的曾祖父以上男祖先。鄂伦春、鄂温克、达斡尔、赫哲和蒙古等民族对祖神的称呼，都有着语音相近或同源的特点。在祖神崇拜观念的支配下，对于人畜患病多加进祖神作祟的解释。同时，萨满教特别重视梦境和日常现象的征兆，认为这是祖神预兆吉凶，因此规定了许多祭祀、禁忌和禳解之法。

萨满教供奉的神灵偶像用石、骨、木刻削或草扎、兽皮毛编结，也有彩绘在兽皮或纸上的，多类似人形。制作完成后须经祭祀方具有神圣的性质。每种神像常是数个一组，或一男一女、一雄一雌，两相并列，置于帐篷的上方、家宅门楣以及住地近旁树上，或专门搭盖的小木屋内。迁徙流动则随身携带，禁止妇女接近触摸。

奥来那楞是萨满教传统的隆重祭祖仪典，全体氏族或部落成员参与祈祷人畜平安、农牧丰收。内蒙古额尔古纳河林区鄂温克人举行祭祖议典时，将祖神偶像挂于树梢，东、西两侧分别挂日、月和大萨满面具，雁、布谷鸟等木制模型各一个，树间皮绳上悬挂驯鹿或犴等兽头、喉、舌、心、肺、肾脏以及四肢和尾巴，兽头朝向祖神；禁用他们认为不祥的四爪兽供祭。祭祀场所附近的树干涂抹兽血。草原的鄂温克人常于农历八月聚会。

鄂伦春和鄂温克人丧葬时，多举行萨满送魂仪式，即扎一草人，系上多根细线，身着孝服的死者子女或其他亲人各牵一线，萨满也握一线念咒祷告，请死者勿恋家人旧地，赶快离去。然后用神棒将线一一打断，尽力将草人远抛，认为死者灵魂就随之远去。尸体入棺后，放在山林风葬，或土葬。赫哲族下葬送魂时，做个穿衣服的小木人，代表死者，点香烧纸上供，或请萨满跳神，用酒肉招待亲友3天。第三天由萨满射箭3支，为亡灵指示去阴间的方向。

宗教民俗

圣者苦修未来

自《旧约·圣经》描述的先知时代以来，各宗派的男女圣徒都渴望走到荒野，独自或与信念相同的人一起退隐苦修。一批信徒在耶稣被钉十字架后约300年，退隐到埃及的沙漠，成为首个这一类的基督教教团。被誉为"沙漠之父"的埃及圣安东尼以摒弃世俗享乐为宗旨，在红海岸边山头建造了一所修道院，开风气之先。几年后，塔比纳修道院在埃及内陆落成，他们奉行的生活方式后来成为中东修道会的楷模。

塔比纳修道院有修士1300人，加入修道会前必须先任侍奉工作3年。3名修士共住一间密室，睡觉时也不准躺卧；他们的饮食十分俭约，进餐时更要蒙上脸巾，不得交谈或四处张望。祷告之余，修士分别担当铁匠、面包师、木匠等职责，有些负责抄写，后来成为重要专责。此外，一些修士负责撰写训诫和宗教论文，其中部分文献对奠立早期基督教的基本教义有重大建树。6世纪初期，圣本笃在蒙特卜西诺创办欧洲最大的修道院，来本笃会修道院遍布欧洲。

查理曼王朝时代在西欧各地建成的本笃大修道院，到今天已荡然无存。不过瑞士康士登湖附近的圣加仑修道院藏书室内，保存一份精细的设计图。从这份图中我们可以知道本笃会修道院原貌和修士的生活情况。这份总平面图所示的修道院没有建成，却显示了一座理想修道院的样子及其中应有的设施。隐修生活虽苦，却很值得。

修士们醒来后不久，就匆匆走过冰冷的石砌走廊，赶到设于每所修道院中心位置的大教堂，参加每日6次的第一次的祭拜仪式。大教堂的祭坛满布华丽的金银装饰。千百根蜡烛点起来，映照得祭坛光亮耀眼。修士的生活方式永远不变，每天硬性规定做4小时宗教礼拜，4小时默想灵修，6小时在农田或工场干活。在祈祷时间和工作时间中，每每要抽出小段时间供默想用。到了晚上6时半，修士通常上床休息。夏天每人只吃一顿饭，并没有肉类佐膳。到了冬天，他们每天可以吃两顿饭，以抵御严寒。

以上是"圣本笃教条"规定的修道院生活方式。本笃是努西亚人，创立了本笃会修道院，死后被封为圣者。"圣本笃教条"便是他在6世纪订立的。圣本笃为修士订立了一种贫苦、贞节和服从的生活方式，修道院由院长管治，院内每个人都得服从这位院长的话。公元814—公元840年，世人称为虔诚者的路易一世统治查理曼帝国，鼓励修士遵从"圣本笃教条"。到了1000年，差不多所有西欧的修道院都采用了本笃会修道院的日课规定，就如许多修道院仿照公元820年为瑞士圣加伦修道院"蓝图"而建一样。本笃在意大利南部蒙特卡西诺修道院出任院长时，订出"圣本笃教条"。蒙特卡西诺修道院在公元529年创建，到今天仍然是世界有名的大修道院。本笃是该修道院的第一任院长。他确立了早期修道院教条所提倡的自给自足模式。修道院生活所需，完全依靠本身的农田和工场。几百年来，西方基督教国家的修道院一直奉行不渝，不少新修道院亦相继仿效。

在每间早期的本笃会修道院里，修士都过着集体的生活。日课中的主要部分，就是圣本笃所称的"上帝作工"——长时间和越来越繁复的赞颂和祷告仪式，其他一切都属次要。教条中规定的体力劳动，不仅为修士提供食物、衣服和其他物质需求，而且可以避免让他们变得闲散疏懒，并藉以充实心灵。其后主要因为虔诚的富人捐献，修道院逐渐富裕起来，修士毋须再住公共宿舍，可以拥有个人的睡房，也开始雇请佣工种田，不少修士有充足时间执行其他职务，包括研究学问。所以，本笃会修道士后来以学问渊博著称，具备真才实学、博古通今的修士辈出，不可胜数。

修士在修道院围墙内的园地种植药草，以作医疗用途。从一个没有人确知的时间开始，他们想到用白兰地酒把一些药草浸渍，由此发明一种叫"本笃"的酒。乍听之下，修士简朴的生活，和象征奢华的酒类似乎格格不入，但本笃会修士一向可以喝酒。他们的食物简单，主要是面包、鸡蛋、干酪、鱼等，正好和酒类配合。早期的修士戒荤，但由于创办人没有指明不可食用飞禽的肉，所以一些修道院把家禽和野鸟也列入菜谱之内。不过，修士用膳时必须寂静无声。所以"圣本笃教条"虽然在多方面规定严格，却能在苦行节制和放纵沉迷之间取得平衡。

本笃对人性显然有相当深刻的认识。虽然修士要尽早起床，但本笃叫他们"互相温言勉励，因为贪睡的人藉口最多"。夏天他又准许修士午睡。此外，清晨的第一首赞美诗必须慢慢唱出，以便迟来的修士能赶上。修道院要求清静，但那是指"清心虚静"，并非完全沉默无语。事实上，修道院特设一个房间，冬天还生火驱寒，供修士在里面交谈。另一项同样考虑周到的措施，就是为修士配备简朴洁净的衣服，包括一套替换的长袍和内衣。那时埃及和叙利亚的修道会强调极端的苦行修炼，但本笃并没有仿效之意。不过洗澡被视为非常奢侈的享受，除非染上疾病，否则不得洗澡。

在那些作息极有规律的日子里，本笃会修士无论在生活和工作方面，必须绝对服从院长的命令。院长由修士选举出来，一旦出任院长便终生管制修士的一举一动。院长也决定修道院的风气，不同的修道院可能会各以庄严肃穆、精于烹调或学术研究而闻名。欧洲有较长一段的时期受侵略和内战的蹂躏，不过基督徒不敢攻打修道院，因此藏书室得庇于高大坚固的围墙之内，得以完整保存了古代社会许多文化遗产。

事实上，修道院既可供给生活所需，又可保住性命，这显然是吸引修士的一个主要因素。几百年来，本笃会及其他修道会的修士，一直无须惊怕饥饿、战争或遗散，经年平静地生活。他们也欣然相信，到了最后的日子，必然会比那些没有修道的俗世的农民或武士更容易获得上帝的救赎。

那个时期，修士团和独行隐士散布埃及各地。传说隐士与野兽为友，而圣者更能与狮子甚至鳄鱼和睦共处。而影响至今的似乎还是圣本笃会大修道院。

氏族内禁婚之谜

人类历史上曾经存在过一种最古老、最原始的毫无限制的群婚状态，整个一群男子与一群女子互为夫妻。为了生活，青壮年从事狩猎，老年人制造工具和照管儿童。于是，在按年龄分工的基础上逐步形成一种血缘家庭，即按照辈分划分的群婚家庭。在这一家庭形式中，同胞兄弟姐妹、从（表）兄弟姐妹和血统远的从（表）兄弟姐妹，都互为夫妻。这种群婚排除了不同辈分之间的婚姻关系，是家庭组织上的第一个进步。随着狩猎活动的发展，原始人的居住逐渐固定下来，一个血缘家族的族团往往因人口增长而分裂为几个。分裂出来的几个族团之间，既保持着一定的经济联系，也建立了某些社会方面的联系，包括各族团之间偶然的男女通婚。后来，人们逐渐认识到族外群婚后代比族内群婚后代体质更强健。为了避免族内群婚后代的病残和畸形等种种不幸，族内群婚制终于渐渐地被族外群婚制所取代。这是家庭组织上的第二个进步。

关于氏族内婚禁忌的起源，学术界历来有不同的观点。

我国有些学者提出自然选择说。他们认为，对众多的氏族内婚和个别的氏族外婚的自然选择是一个漫长的过程。自然选择使氏族外婚发展，氏族内婚衰亡，因为氏族外婚的后代更健康，更适应生存环境。结果，自然选择淘汰了氏族内群婚制，确立了氏族外群婚制，内婚禁规随之产生。

另一些学者提出优生说。他们认为,最初,氏族内婚占优势地位,而氏族外婚只是偶然的个别现象。后来,人类在长期生活实践中逐渐觉察到氏族内婚或近亲通婚的恶果——后代的病残、白痴和夭折,而氏族外婚的后代则往往体质强健。为了避免恶果与不幸,在血缘家族中,逐步实现氏族内婚禁忌,首先排除同胞兄弟姐妹之间的通婚,后来又排除血统较远的旁系兄弟姐妹之间的通婚。于是氏族外群婚制取代了氏族内群婚制,内婚禁规完全确立。

还有学者主张"组织适应环境说"。认为,纵观动物进化史可知,适应环境法则决定着生物进化的轨迹,控制着动物的活动方式。通常脊椎动物及人类的群体,在生存环境艰难时,组织结构趋于严谨。更新世是个气候多变的时代,200万年间有4次较大的冰期降临地表。第四次冰期之初,人类已经学会用火、制衣和筑房。人们聚群而居,以群内婚为主,辅以群外婚。大约11~12万年以前的第四次冰期的冰河南下,人类生存趋于艰难,大群体遂分裂为灵活的小群体。内环境的调节能使生物避免环境危机的不利影响,但要付出昂贵的代价,就是群体成员丧失了在群内婚配的自由,而必须到群外寻求通婚对象。也就是说,为了维护小群体的团结,就要消除群体内争夺女人的内斗,唯有如此,小群体才能齐心协力在恶劣的生存环境中存活。大约70000~80000年以前,气候一度回暖中断,第4次冰河再次南下。这次冰期范围广,时间长,温度下降幅度大。人类群体禁内婚规则在更大的范围内产生,实施时间也更长,并成为一种传统。至此,内婚禁忌规则终于确立。

总之,关于氏族内婚禁忌的起源,至今尚无决定性的结论,仍有待于国内外历史学家们的继续研究和探讨。

恐怖食人族

食人族，就是吃人肉的人，确实存在。长久以来，语言中的故事和道听途说，都被证实是事实，证据来自于哥伦布第二次穿越太平洋的探险中，所有船员的亲眼所见。随船医生在家书中提到了一些阿拉瓦克俘虏，叙述了在一个小岛上发生的食人故事，这个小岛就是今天的瓜得鲁普。

哥伦布在家书中提到这件事：当地居民中的一些妇女曾经做过岛民的俘虏，我们向他们询问，那些岛民是怎样的人，他们回答"加勒比人"。他们一听说我们憎恶这种人吃人的罪恶行为，感到非常高兴……他们告诉我们，加勒比人对待他们的残忍程度，使人难以置信；加勒比人吃掉他们的孩子，只抚养自己的女人所生的孩子。凡是活着的男性俘虏都被带回去吃掉，那些在战斗中被打死的敌人，就在战斗结束后被吃掉。

1878年，斐济1名官员和3名传教士在巴布亚新几内亚被当地部落杀死并吃掉。此后英国传教士布朗指挥并参与了"惩罚"行动，杀死多人并烧毁几个村庄，他的行为引起了澳大利亚等地宗教组织抗议。这引起了人们的兴趣：食人族真的存在吗？

虽然迄今为止有很多关于食人族的描述，但其准确性都非常值得怀疑，甚至在相当长一段时间里，土著人和欧洲的白人相互之间都怀疑对方是食人族——白人认为他们是未经教化的野蛮人,而土著人以为,白人抓他们的兄弟到欧洲去,完全是为了满足欧洲人对人肉的食欲,但无论如何,很多已经得到证实的例子表明,吃人的事件并非偶然,食人族确实存在。考古学的证据更表明,吃人的现象曾经非常普遍。

世界著名的古史专家摩尔根曾经在他的《古代社会》中论证:根据近代世界各地遗留的少数原始部落的生活状况,就可以了解现代文明人远古祖先的生活状况;原始部落多有食人习俗,可知文明人的祖先也曾有食人的习俗。

曾经有一位富有同情心的观察者,通过艰苦的努力,得到了关于人吃人的第一手资料。阿芝台克人从市场上购买奴隶,把他们养胖,"这样可以使奴隶的肉更有滋味"。其其麦加山谷是"人肉的埋葬之敌"。据说南美的图皮南巴族会将他们的敌人"吃到最后一片指甲"。汉斯·斯塔登的畅销小说中,描写了在1550年前后他被食人族所捕获,由于食人族的盛宴祭祀仪式被一再拖后,使小说的情节变得令人窒息、毛骨悚然。他对食人仪式的描述给人留下了深刻的印象。

在为数众多的研究文献中,人们提到食人族吞食人肉的目的除了滋养身体之外,还带有自我转化、显示权力,或者将吃与被吃者的关系仪式化等动机。换句话说,与吃其他食物一样,食人者往往希望分享食物的功效。

从食人者的角度来看,作为食物的人总是具有某种象征性的价值和魔力,食物是有意义的,食人能够让他们获得某种程度上的自我完善。换句话说,吃绝对不是单纯为了活下去,在任何地方饮食都是一种文化的转化。它将个体融入社会，将体弱者变为强健。从这种逻辑来看，只要在食人族的意识里认为，吃人可以自我完善、可以满足他们的某些宗教需要，食人族就将继续存在。

矮人族之谜

2006年的一天，来自南非约翰内斯堡的古人类学家李伯格正在享受着自己难得的假期。其时，他驾驶着那只爱斯基摩人用的皮船，在距离菲律宾东部大约370海里的小岛周围，顺着岩石与悬崖壁滑行。

在太平洋岛国帕劳群岛海岸旁的洞穴里，他不经意间发现零乱地堆积着不曾出现过的大量人类遗骨。其中有很多有被海浪腐蚀过的痕迹，另外一些则被完整无缺地埋藏在洞穴里的沙砾底部。

当年年底，李伯格偕同他的同事再次前往这个洞穴，开始挖掘遗骨并进行分析。经过长达一年的研究，2008年3月10日，李伯格终于在科学期刊公共图书馆网站上，发布了关于这些遗骨的翔实资料与结论。

通过对两个洞穴中挖掘到的25具人类遗骨进行头盖骨与身体骨骼分析，发现这些人与人类的祖先——现代智人的遗骨样本并不一样。

这些人类遗骨的年龄，大概在1400年—3000年之前。李伯格指出，这些骨骼拥有独特的颅面结构特点。例如，明显与现代智人不同的是上颌骨犬齿窝和棱形下巴。但是，在他看来，这些遗骨最为典型的特征，就是全身的骨骼尺寸都异常小。根据估算，这些男性的体重平均为 43 千克，而女性的体重仅仅为 29 千克。

而早在 2003 年 9 月，澳大利亚和印度尼西亚的科学家就在位于帕劳群岛的南面、印度尼西亚的弗洛里斯岛的一个洞穴中，发现了一具不到 1 米高的成年女性骨骼，包括头盖骨、下巴和牙齿。

一年后，他们在英国《自然》杂志上发表论文，宣称这是一个新发现的人种，它们属于从现代智人进化而来的"最极端"的一支——矮人人种。

但是这一人种是否存在，其后却一直存在争议。

这次与弗洛里斯岛矮人有着惊人相似之处的遗骨的发现，无疑为进一步研究这种新人种是否存在提供了难得的契机。根据骨骼分析显示，这些人大约 1.2 米高，与在印度尼西亚发现的弗洛里斯矮人人种身材相仿，并且两者拥有多处相似的生理特征。

李伯格表示，通过考古记录，匮乏的食物和热带地区特有的潮湿气候可能导致遗传基因孤立变异，所以，产生了"这种异常的生理结构"。

但问题随之而来。如果帕劳发现的骨骼是岛屿产生的"侏儒化"效应的话，所谓的弗洛里斯岛矮人是不是也是同样原因产生的？

因为从表面上看，帕劳岛上的这些人与现代智人相比有着明显的区别，没有明显的下颚，反而拥有巨大的牙齿、位置较深的咽喉和浅眼窝等。李伯特认为，这种区别恰恰是因为小岛环境"侏儒化"引起的变形,并不代表着一种新的人种。而这些特征,也被普遍认为是弗洛里斯岛矮人与其他人种最大的区别所在。

不过,弗洛里斯岛矮人的发现者之一澳大利亚伍伦贡大学的罗伯茨教授坚持认为,即使此次发现的骨骸并不属于矮人族,也仍然不足以否认弗洛里斯岛矮人这种新人种的存在。因为仅仅依靠岛屿到来的"侏儒化"效应,根本不足以解释霍比特人(弗洛里斯岛矮人)的存在。在弗洛里斯岛上发现的成年男子的体重大约为30千克,仍然远远低于这次在帕劳岛发现的新骨骸。

而另外一位在帕劳群岛上待了10多年的美国北卡州立大学的教授菲茨派崔克并不认同李伯特的说法。他曾经在距离李伯特所发掘的洞穴只有几千米的地方,发现过与现代人大小类似的骨骸。难道岛屿环境仅仅导致部分人群矮化,而距离很近的另外一群人却得以保持正常身材?这在科学上是很难理解的。

不管怎样,现在看来,帕劳群岛的发现,仅仅是重新引爆了这场争论而已,并没有彻底揭开笼罩在矮人族之上的面纱。

帕特农神庙的毁坏之谜

雅典是欧洲文明的摇篮,经过一次次文化的洗礼及无数战争的劫掠,唯有卫城留下的断壁残垣和帕特农神庙的巍峨廊柱还展示着古希腊的千古风范。雅典位于希腊半岛东南的阿提卡半岛上,依山傍海。希腊半岛全境多山，山岭将半岛分割成3个相邻的小平原，阿提卡平原居其中，沿海有曲折的海岸线和优良的港湾。公元前1600年前后，爱奥尼亚人就来到阿提卡，与当地的皮拉斯基人混居。在雅典卫城内发现的宫殿遗址证明，阿提卡早在迈锡尼文明时期就已经有国家出现，但后来随着迈锡尼文明的崩溃而消失。公元前12世纪，多利亚人大规模南侵，但并未进入阿提卡，因而这里犹如一个"安全岛"，迁入了大批从其他迈锡尼文明中心逃难过来的移民。相传，雅典城邦国家就是那位曾经杀死米诺陶洛斯的英雄提修斯在统一各部落的基础上建立的。至于卫城，是雅典远古御敌的城堡，坐落于希腊首都雅典市中心海拔152米的阿克罗波科斯山顶上，相对高度70~80米，顶部比较平坦，东西长280米，南北宽130米。自公元前1200年成为要塞后，雅典就以它为中心向外扩展。公元前5世纪，为了纪念反波斯入侵战争的胜利，希腊领主大肆美化卫城，兴建了一系列纪念性的建筑物，帕特农神庙便是其主建筑。

　　帕特农神庙是如何兴建起来的呢？公元前6世纪末—前4世纪初，一般被称为希腊史的古典时代，这一时期最重大的历史事件是希腊取得了波希的辉煌胜利。战后的雅典步入全盛时期，成为希腊世界的中心，这时期雅典众望所归的政治领袖是伯里克利。伯里克利时代雅典经济发达，学者云集，文化昌盛，被誉为雅典的"黄金时代"。这为雅典公民的主观能动性和聪明才智提供了尽情发挥的可能，使雅典在政治、经济和思想文化方面成为全希腊的学校和样板，产生并吸引了大批杰出的政治家、哲学家、诗人、戏剧家、历史学家、美术家、演说家等，几乎所有文化都同时繁荣了起来。

伯里克利也大肆兴建卫城，卫城雄踞于陡峭的山颠，全部用白色大理石砌成。而被誉为"雅典王冠"的帕特农神庙巍立于卫城中心，于公元前432年落成于三级基座上，其外部由46根高10.4米、直径1.9米的洁白大理石柱环成一个长方形回廊，全庙一砖一石都是宝物，里面供奉着雅典城市的保护神雅典娜——用黄金、象牙雕刻而成的雅典娜塑像，象征着雅典的胜利和权威。帕特农神庙代表了希腊古典建筑艺术的最高水准，外形雄伟壮观，内部雕饰精美，可惜它没能保存下来，甚至连谁是破坏者和窃贼，至今也没有定论。

帕特农神庙的衰败应始于公元前404年。那一年雅典被希腊的另一个城邦斯巴达打败，国势日衰，公元前338年又落入马其顿王国之手。马其顿统治以后日渐被希腊同化，后也被罗马帝国所征服，西罗马灭亡后，奥斯曼土耳其帝国统治了希腊这块区域。希腊前前后后经历了两千余年的沦亡史。卫城及其建筑也在此期间遭受到毁灭性的厄运，每次战争都成为主要的攻击目标，能夺则夺之，不能得则毁，再加上几次大地震和火灾，帕特农越来越破败。这些应该都是帕特农神庙如今只剩断壁残垣的原因，尽管如此，帕特农依然是雅典人心目中永远的圣殿。

古罗马圆形竞技场之谜

中世纪有位英国诗人贝达曾经说过:"圆形竞技场崩溃时,就是罗马灭亡之时。"这里的圆形竞技场就是指罗马的科洛塞穆竞技场,它以其独特的建筑风格被称为"古代世界最为宏伟的高超建筑",罗马人更是以其作为帝国精神的象征,扬言"科洛塞穆永不倒"。"科洛塞穆"竞技场究竟是什么样子的建筑?它真的永不倒吗?科洛塞穆竞技场位于罗马古城区的威尼斯广场南面,是罗马帝国时期的皇帝维斯巴夏在位时修建的,始建于公元72年,历经8年,由其子提图斯完成的。这个竞技场是古罗马建筑风格的典型代表,以其庞大、兼顾、实用和精美而闻名于世,即使经过了1900年的风风雨雨后仍然引人憧憬。

在拉丁语中,"科洛塞穆"的意思是"巨大的",因此人们又称之为大角斗场或者圆形大剧场。其实,它的主要用途是角斗表演,准确地说,它是一个多功能的体育场。然而,不可思议的是,它的牢固耐用的内部构造、精美宏伟的外部设计,即使在现代化的今天,用先进科技建筑的体育馆都难以与之相媲美。

这座古代世界规模最大的竞技场,总占地面积达到20000平方米。观众席可容纳50000人,共分4层4区,60排,每层以62%的坡度向上升起,全部用大理石装饰。坐位最前面是贵宾席,中间是

宗教民俗

骑士席，后面的是平民席。因为分有4个区，各区的观众对号入座，所以并不会发生纷乱的现象。第四层上开有4个门，西北门为正门，西南侧和东北侧为皇室家族专用席，里面设有柱子，用来挂遮阳棚。最高处还有一圈柱廊，供卫士和管理棚顶的人员休息。竞技场全用砖石、水泥来修筑，底下两层是用巨型石柱和石墙，可承担巨大的压力，拱顶用水泥和砖，牢固耐磨，上面两层全是用水泥，外表再用华石进行装饰。重量自下而上逐渐减轻，下层最牢固，但上层也很坚实。所以罗马人会有"科洛塞穆永不倒"的谚语。

竞技场的中心是表演区，场地呈现椭圆形，奴隶们在此表演角斗或者用来斗兽，以娱观众。因为表演区地势很低，比距离最前排的贵宾席还低5米，所以可以灌满水用来表演舟船海战。恐怕现在的体育馆也很少有这样多功能的表演区。

不要以为表演区是竞技场底最底层，像大轮渡一样，在表演区下面还有地下室呢！大约有 80 个房间，设施齐全，上面有厚实的木板，下面有排水的管道。房间分别为乐队室、道具室、角斗士医务室、兽栏等等。

考古学家研究指出，古罗马大圆形竞技场的设计跟现代舞台一样完备、成熟。它有一套包含踏板、活盖、杠杆等复杂的机械系统，用来把野兽运送到舞台上。在拥有 55000 个座位的大剧场下，连接通道、打开大门、把兽笼从地下室升运到舞台的地板上，这个系统由经过训练的奴隶操作，他们驯养野兽，但随时有被野兽吃掉的危险。

竞技场的地下室 1812 年就被发现了，但是由于当时水位太高，就又被淹盖了，至今仍未被完全弄清楚。

通过测量、考察地下室地板、墙壁的洞穴、木梯、杠杆、兽笼，并且对照当时"野兽魔术般从地下出现"的纪录，考古学家已经知道了这套机械装置是怎样运行的了。

在庄严的大剧场下面，是角斗士居住的地下室和武器、道具的储藏室，所有的这些都通过一个由滑轮、杠杆、兽笼、角斗士组成的通道系统联系起来。通过杠杆的牵引，他们可以向舞台运送舞台背景、仿造的森林或城堡。最重要的是运送被关在地下室笼子里的野兽。从地下屋被升到第二层，然后通过一个斜面到达舞台。竞技场上照明良好，但地下则不同，那里非常阴暗，只有几支蜡烛或油灯照明通道。

最先被用来演出的是犀牛和公牛，但是它们很快就被那些带有异国情调的野兽取代了，骆驼、斑马、老虎、狮子、豹被从世界各地运送到古罗马。

虐待是大斗兽场惯用的手段。野兽们经常挨饿；人们总是往野兽们的伤口上撒盐，还投置稻草人激起它们疯狂的争斗，然后再把他们释放出来。

　　这么一个庞大的竞技场，50000观众蜂拥而至的时候，罗马人是怎样保证入场秩序的？观众是如何入座的呢？罗马史书中有这样的记载：

　　"皇帝和他的全家坐在光彩夺目的包厢里；穿着特殊的紫色镶边的礼服的元老和骑士各自有特别的座位，战士和市民分开就坐。如果平民要坐在底部两排重要的位置上的话，那他就得穿上庄重的白羊毛制作成的宽外袍，这是公民合乎礼仪的衣服。已婚男人和单身汉分开就坐。男孩子们单独坐在一个区域，他们的老师紧靠着他们坐在邻近的位子上。

　　"妇女们、穿灰褐色衣服的贫民和穿丧服、戴孝的人只能坐或者站在竞技场的顶层。神父和修女们坐在靠前面的位置。衣着的不同和行列的隔离，强调了这个场合中正式礼仪的成分，正如严格的排列座次反映了严峻的罗马社会阶级差别一样——你应该坐在哪个位置上，在哪个位置上就一定能看到你。"

　　科洛塞穆竞技场的宏伟壮观，使它在日后的古典建筑中备受青睐。它的外部共分4层，除最上一层保持开有小窗的墙面外，其余各层都开以拱门，每层80拱，3层共有240拱之多，远看气势宏伟，近看则拱门叠错，虚实相间，而每个拱门两边用古典柱子夹插并立所形成的柱式——拱门联合结构，则将建筑的力度与美感结合起来，相得益彰。当时，罗马建筑已经充分地运用了希腊古典柱式的技巧。竞技场的第一层拱门用质朴坚实的多立亚柱式，第二层拱

门用秀美的爱奥尼亚柱式,第三层采用华丽的科林斯柱式,第四层墙面则用了罗马人偏爱的方倚柱。这样由低到高,由坚实到轻巧富丽,建筑本身的功能和装饰的节奏便得到了极好的配合。而且,第四层的墙端立柱不但起支撑遮阳棚的作用,更主要的是可以增加建筑外观的美感,使建筑整体虚实相间的配合显得更有气韵。

建筑史学家认为,以层层柱式分割建筑立面的做法,具有独特的妙处:建筑经分割而显得秀巧,它可使人在庞然大物般的建筑面前感到亲切而悠然自得,从而表现出古典的人本主义精神。

面对如此巨大的建筑,任何人都可能感到气馁,感到人的微不足道。罗马的建筑师在构思竞技场的时候也想到了这一点。

他们一方面让罗马市民欣赏到了他们创造的宏伟,同时又避免了人们跟庞然大物相比产生的渺小感:当人们只同圆柱和框橡构成的单个矩形拱门相比时,人就显得大多了!不仅这样,罗马公民还能感到他自身是竞技场所代表的巨大帝国的一个有意义的组成部分,反而会产生一种自豪感呢!

自此以后,以分割或组织建筑立面的柱式和拱门结合的艺术,成为古典建筑传统中极为重要的一部分。文艺复兴以来,西方各国的艺术家、建筑家总是在科洛塞穆的废墟中流连忘返,也许这座建筑的特殊艺术构思确实能给人以无限的启发和灵感。

文身是原始人"种痘"吗

文身是许多原始部落中盛行的一种习俗。据人类学家追根寻源的探究,它源自波利尼西亚。居住在太平洋众多群岛上的波利尼西亚人是世界上仅有的使文身艺术得到发展的民族。白种人的文身则是欧洲人与太平洋的这些岛民接触后,从他们那里模仿来的。

在马克萨斯群岛,男子通常都得遍体文身。文身由熟练的施术者主持,由四名助手分别按住被文身者的手足。熟练的施术者自头部向下用木炭勾描出文身图案的轮廓,接着把受术者的皮肤展平,将人骨或鸟骨做的梳形工具在颜料中稍加浸泡后置于皮肤上,用竹棒轻轻敲击。血由施术者或助手用树皮布拭去。颜料是用煤和灰,以水、椰子油或其他植物汁液浸溶而制成的。施术时伴有极度的痛苦,施术后8~12天间常因炎症而发烧,进而伤口肿胀,死亡的事情时有发生。施术时都举行咏唱、合唱、静默等仪式。马克萨斯的女性也文身,通常在婚前施于右臂。由于常常作为施术者及其弟子们练习技艺的对象,女性文身往往比男子文身更痛苦。最近的考古学调查表明,玻利尼西亚人早在公元前1100年前后,就已经按照陶器上的纹饰图案文身了。

在众多原始部落中盛行的这种身体装饰的习俗,是因民族而异的。从性别看,男女都文身,见于北亚、印度尼西亚、大洋洲和印度。而仅女性文身的则在印度支那半岛和印度比较发达。文身的部位与气候以及由气候导致的服装发达程度有一定的关系，例如常年赤身露体的热带人中遍体文身的情形较多。当然，这不是绝对的，例如热带地区雅浦的女性在腰间草裙中并不外露的部位刺刻情人的印记，而北极的爱斯基摩人则在胸部文刺。

对于原始部落中的这种文身习俗，过去许多人把它解释成是原始人对身体装饰美的一种追求，是一种美的炫耀。然而今天，随着对原始部落实地调查的不断深入，不少人类学家认为，作为任何成员必须遵从的社会制度之一，原始社会的文身除了具有装饰美的意义外，具有更重要的社会组织的意义。例如，在印度，有作为"民族的符牌"而进行文身的情况。在更多的原始部落中，文身是成年礼的一项仪式，特别是在东南亚，男子多在这时以首次狩猎宣告开始承担义务。而在加里曼丹部分地区以及日本的西南群岛和阿伊努人地区，多视女性文身的资格为机织技术优异的标志。在许多原始部落中，文身还成为显示勇气的证明，杀敌越多，身上刺刻的图案就越多，没有完成遍体文身的战士是不能和姑娘结婚的。有些人类学家还认为，原始人的文身实际上是早期的种痘。小小的切口能使人体和病毒、细菌接触，从而使人的机体内产生一种抗体，以增强免疫力。

人类学家的新的探索，深化了人们对文身的认识。毋庸置疑，随着探索的不断深入，人们一定能更科学地认识原始人神秘的文身现象。

希马人生育之谜

希马人属于埃塞俄比亚种族类型。公元初,他们从尼罗河地区南下,成了如今生活在乌干达、卢旺达、布隆迪一带的游牧民族。

希马人在世世代代的游牧生活中形成了自己独特的生活方式。他们从不定居,不断地赶着牛群寻找新的牧场。他们的居舍小草棚同不断迁居的生活相适应,一天之内就可以搭盖起来,而当迁徙时,只需几分钟就可以拆掉。他们完全靠牲畜过日子,吃的是畜肉,饮的是畜血、畜奶。牛群是他们财富和社会地位的象征。

令人类学家颇感兴趣的是希马人独特的风俗习惯,特别是他们婚娶的习俗。希马人实行严格的族内婚,在他们的眼里,是不存在私通现象的。父亲和儿子可同享一个妇女,因为妇女不属于个人,而是属于家庭。姑娘出嫁时的彩礼是8头小牛和1头公牛,都由新郎的父亲提供。作为酬谢,也是根据传统习俗,父亲可以同儿媳同居一星期或两星期,以便看一看"是不是这些牛没有白给"。婚后的希马妇女不从事任何生产劳动,她们不耕种、不打水、不拾柴火,甚至被禁止整理自家的篱笆,因为希马人认为一个赤身露体的妇女靠着篱笆就意味着会导致牛群的毁灭了。最使人惊奇不已的是,尽管这个民族在习惯上有些放荡不羁,但在不需要采取我们所知道的任何一种避孕方法的情况下,一对希马夫妇每隔5年生育一

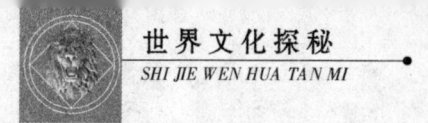

个孩子。希马人似乎掌握了某种"自然避孕法",或他们为适应游牧生活形成了某种控制生育的基因,也或许同他们的饮食结构、生活方式有关。总之,这种有规律的间隙生育现象,成了希马人的一个神奇的谜,值得科学家去认真探索。而一旦奥秘被揭开,可能将对生育科学的发展作出重大的贡献。

情人节来历之谜

在日益全球化的今天,除了人们狂热迷恋的圣诞节以外,情人节也已经悄悄渗透到了无数年轻人的心目当中,成为中国传统节日之外的又一个重要节日。但是,大多数人可能并不知晓情人节的来历和意义。情人节从哪里来的呢?它的意义又是什么呢?

这要从古罗马的历史传说中找寻答案。

在古罗马时期,2月14日是为表示对约娜的尊敬而设的节日。约娜是罗马众神的皇后,同时被尊奉为妇女和婚姻之神。接下来的2月15日则被称为"卢帕撒拉节",是用来对约娜治下的其他众神表示尊敬的节日。

在古罗马,年轻小伙子和少女的生活是被严格分开的。然而,在卢帕撒拉节,小伙子们就可以选择一个自己心爱的姑娘的名字刻在花瓶上。这样,过节的时候,小伙子就可以与自己选择的姑娘一起跳舞,庆祝节日。如果被选中的姑娘也对小伙子有意的话,他们便可一直配对，而且最终他们会坠入爱河并一起步入教堂结婚。后人为此而将每年的2月14日定为情人节。

在西方，情人节不但是表达情意的最佳时刻，也是向自己心爱的人求婚的最佳时刻。在这一点上，情人节体现出的，不正是古罗马人设计这个节日的本意吗？

传说公元3世纪时，古罗马有一位暴君叫克劳多斯。离暴君的宫殿不远，有一座非常漂亮的神庙。修士瓦沦丁就住在这里。罗马人非常崇敬他，男女老幼，不论贫富贵贱，总会群集在祭坛的熊熊圣火前，聆听瓦沦丁的祈祷。

古罗马的战事一直连绵不断，暴君克劳多斯征召了大批公民前往战场，人们怨声载道。男人们不愿意离开家庭，小伙子们不忍与情人分开。克劳多斯暴跳如雷，他传令人们不许举行婚礼，甚至连所有已订了婚的也要马上解除婚约。许多年轻人就这样告别爱人，悲愤地走向战场。年轻的姑娘们也由于失去爱侣，抑郁神伤。

瓦沦丁对暴君的虐行感到非常难过。当一对情侣来到神庙请求他的帮助时，瓦沦丁在神圣的祭坛前为他们悄悄地举行了婚礼。人们一传十，十传百，很多人来到这里，在瓦沦丁的帮助下结成伴侣。

消息终于传进了宫殿，传到了暴君的耳中。克劳多斯又一次暴跳如雷，他命令士兵们冲进神庙，将瓦沦丁从一对正在举行婚礼的新人身旁拖走，投入地牢。人们苦苦哀求暴君的赦免，但都徒劳而返。瓦沦丁终于在地牢里受尽折磨最终被处死。悲伤的朋友们将他安葬于圣普拉教堂。那一天是2月14日，那一年是公元270年。

这中间还有一个精彩的小插曲。传说瓦沦丁被抓投狱之后，他治愈了典狱长女儿失明的双眼。当暴君听到这一奇迹时，他感到非常害怕，于是将瓦沦丁斩首示众。据传说，在行刑的那一天早晨，瓦沦丁给典狱长的女儿写了一封情意绵绵的告别信，落款是"你的瓦沦丁"，这更增添了2月14日这天的浓情色彩。

历史学家们则从客观史实上得出结论：情人节的来源要早于公元270年。

他们考察出，当罗马城刚刚奠基时，周围还是一片荒野，成群的狼四处游荡。在罗马人崇拜的众神中，畜牧神卢波库斯掌管着对牧羊人和羊群的保护。每年2月中，罗马人会举行盛大的典礼来庆祝牧神节。那时的日历与现在相比，要稍微晚一些，所以牧神节实际上是对即将来临的春天的庆祝。也有人说这个节日是为了庆祝法乌努斯神的，它类似于古希腊人身羊足、头上有角的潘神，主管畜牧和农业。

牧神节的起源实在是过于久远了，连公元前1世纪的学者们都无法确认。但是这一节日的重要性是不容置疑的。

根据史料记载，安东尼就是在公元前44年的牧神节上将王冠授予恺撒的。

每年的2月15日，修士们会聚集在罗马城中巴沦丁山上的一个洞穴旁，据说古罗马城的奠基者就是在这里被一只母狼哺育长大的。在节日的各项庆典中，有一项是年轻的贵族们手持羊皮鞭，在街道上奔跑。年轻妇女们会聚集在街道两旁，祈望羊皮鞭抽打到她们头上。因为她们相信这样会更容易生儿育女。

随着罗马势力在欧洲的扩张，牧神节的习俗被带到了现在的法国和英国等地。人们最乐此不疲的一项节日活动类似于现在的摸彩。年轻女子们的名字被放置于盒子内,然后年轻男子上前抽取。抽中的一对男女成为情人,时间是一年或更长。

基督教的兴起使人们纪念众神的习俗逐渐淡漠。教士们不希望人们放弃节日的欢乐,于是将牧神节改成瓦沦丁节,并移至2月14日。这样,关于瓦沦丁修士的传说和古老的节日就被自然地结合在一起。这一节日在中世纪的英国最为流行。未婚男女的名字被抽出后,他们会互相交换礼物,女子在这一年内成为男子的情人。当男子的衣袖上绣上女子的名字后,照顾和保护该女子便成为该男子的神圣职责。

有史可查的现代意义上的瓦沦丁情人节是在15世纪早期。法国年轻的奥尔良大公在阿根科特战役中被英军俘虏,然后被关在伦敦塔中很多年。他写给妻子写了很多首情诗,大约60首保存至今。

用鲜花做瓦沦丁节的信物在大约两百年后出现。法王亨利四世的一个女儿在瓦沦丁节举行了一个盛大的晚会,所有女士从选中她做情人的男士那里获得了一束鲜花。

就这样,延续着古老的意大利、法国和英国习俗,我们得以在每年的2月14日向自己的朋友传递爱的信息。鲜花、心形糖果、用花边和摺穗掩盖了送物人名字的信物,不仅仅是代表着一份份真挚的爱,更是对敢于反抗暴政的瓦沦丁修士最好的缅怀。

自然生物

世界文化探秘

"野人"、"雪人"究竟是不是人

1997年9月26日,总部设在中国武汉市的中国"野人"考察研究会公布了一个世所震惊的资料:世界首例"杂交野人"活体的录像。"杂交野人"为雄性,33岁,高2米,头部尖小,有矢状脊,步幅很大,无长毛,没有语言。据中国"野人"考察的执行主席李建生前保存的秘档,"杂交野人"在湖北神农架附近被发现,其母生育有一正常男孩。丧夫后,曾被"神农架"野人掳去,逃回家后生育了这个"杂交野人"。但不久又有人指责,这不过是个骗局,所谓"野人",其实是痴呆人。

"野人"、"雪人"的传闻,总是出现在神秘的地方:喜马拉雅山、神农架……然而,"野人"、"雪人"究竟存在不存在?如果确有"野人"、"雪人",那么它们究竟是不是人?

意大利探险家霍尔德·梅斯纳曾不吸氧登上珠穆朗玛峰和地球其余13座8000米以上的高峰,享誉登山界。他花了10年工夫在中国西藏、尼泊尔、克什米尔等地寻找雪人。他说他两次见到雪人：一次是在中国西藏与克什米尔之间的世界第 11 高峰加苏尔布鲁木工峰，见到一雌性雪人和它的小崽。成年雪人皮毛色深，小崽皮毛色浅、偏红，他用照相机从背面拍摄了它们的活动。第二次他看到了一个睡着的雪人，他在 20 米外为它照了相，他还收集到雪人的"手"的骨头，准备放在自己的博物馆。他认为，把雪人说成原始人类是绝对错误的，雪人是动物，是一种已消亡的动物。雪人身高可达 2.2 米，直立行走，其皮毛幼年红色，成年发黑，老年变白。雪人喜好夜间活动，吃牦牛肉、羊肉，互相以哨声交流。他估计，在喜马拉雅山可能还有 1000 只这种动物。他特别强调：事实最具说服力！有关雪人的传闻同他目睹的事实截然不同。

梅斯纳关于"雪人"不是人、是动物的观点，为千古之谜，为持续了数十年的"野人"、"雪人"的探访、争论热加了温。说"千古之谜"，是由于有关"野人"、"雪人"的传说已有 2000 多年的记载。中国古代的大诗人屈原有《山鬼》诗，"山鬼"就是一种似人的动物。唐代的《广异纪》也载有杜万之妻被野人抢到山洞，并生有两个小孩的传闻。本世纪以来，有关"野人"、"雪人"的目击事件更是不绝如缕。1925 年，前苏联红军少将托皮尔斯基在帕米尔高原追击白军时，亲见被白军打死的一个全身披毛、头毛盖面的雄性野人。1970 年，英国登山队员德·威廉斯在尼泊尔一个海拔 4000 米的山上发现了一个雪人的脚印。1962 年美国的伐木工人罗伯特·哈特费遭遇了一脚印巨大的人脸"毛人"，1967 年，美国的摄影师罗杰·帕特森在加利福尼亚州的布拉夫瑞克山谷发现野人活动，立即用摄影机拍摄，结果摄得一个乳房下垂、肌肉发达的雌性野人。1972年,美国动物学家克罗宁·维末维在尼泊尔的康格玛山发现10多个"雪人"的脚印。1977年,一名舍尔巴人在放牧牦牛途中遇到两个"雪人",其中一个"还同牧人发生了搏斗。1980年,中国赴神农架野人考察队队长刘民壮收集到野人的红棕毛数百根,经武汉医学院与华东师大鉴定,其微观特征与人相似。因此,刘民壮认为,野人很可能是南方古猿的后代,它已经走进了人类的大门,应归属于人科。从传闻看,野人发情时,曾有追求人类异性的行为,以前也有传闻野人与人生育过孩子。这表明"野人"在血缘上与人接近。

另有一种说法是,在德国尼安德特峡谷发现的尼安德特人(简称尼人)遗骨表明,在很多万年前,曾活跃过一支创造了"莫斯特文化"的人类,他们在大约7万年前神秘地消失了。英国女人类学家玛拉·谢克雷调查了世界野人资料与踪迹,认为"野人"很可能是尼人的后代,他们并没有完全消亡,其遗族重新进入了森林,与世隔绝了起来。

"小矮人"人种为什么矮小

当今在地球上,还生活着一批被称为"小矮人"的人种,例如在非洲刚果河畔热带森林中的俾格米人,身高只有1.2米左右,他们生活在森林中,居住的草棚只有1米多高,棚子的顶上盖着树

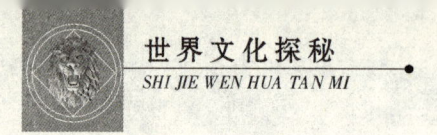

叶,地上铺着芭蕉叶。丛林中还有布须曼人,是个以狩猎和采集为生的民族,尽管他们身材矮小,但是,他们能用自己制作的弓箭,涂上森林中的一种毒箭木的毒汁,杀死大象。他们过着迁移性生活,但常被捕捉,然后送到别的种族的王宫中作为杂役,或成为供人玩笑的小丑。他们拥有自己的语言。

在美洲也有小人国。不久前在南美洲哥伦比亚和委内瑞拉的交界处发现了一个叫做耶瓦的小村庄,这里住着原始的小人种,名叫尤卡斯人。这种人身高只有80到90厘米,最高的也只有1米左右,他们也世代住在森林里,以野果、兽肉为生,穿的是树叶和兽皮。他们有自己的语言,也有自己的原始宗教,崇拜太阳、月亮、星星和高山。

在亚洲也有小人国的居民,在隋炀帝时,就有人把一个机智的矮人进贡到皇宫中。

从化石看,人类不同时期的祖先,身高虽然有一定的差别,但是,从来没有发现过只有1米左右的矮人的化石,就是说,人类历史上还没有发现存在过如此矮小的人种。小矮人是怎么形成的?是什么时候形成的?是由什么样的祖先形成的?这些都还是人类学上没有解开的谜。

有些科学家提出营养说,认为小矮人是营养不良引起的人种退化造成的。例如布须曼人在历史上曾受到力量比较强大的邻近民族的压迫,他们被赶入森林,由于没有种植业,加上森林条件较差,他们长期营养不良,导致人种退化。他们有一种别的民族所没有的进食现象,他们很能吃,也很能挨饿。探险家们在考察中发现,他们一顿饭能吃好几斤肉、几十个香蕉。进食这么多的食物,只能躺着让食物慢慢消化，人类学家认为，这种暴食现象正是对食物缺乏所造成的一种适应性行为，吃不饱的时候就挨饿，有东西的时候就尽量地吃饱，这样就比较容易度过饥荒。同时，由于自然选择的作用，在食物贫乏的情况下身材矮小的人反而因消耗较少而容易生存，因而身材矮小的人就得到了选择，而身材较高的人因容易饥饿而被自然所淘汰。总之，身材矮小是一种自然的适应，是食物不足所造成的退化现象和选择现象。

有些科学家提出了激素说，认为小矮人是由于其内在的生理机制所造成的。美国盖莱恩斯维尔大学的梅里米研究了布须曼人身体中的一种生长激素 IGF-I，发现这种激素与人类的生长发育有很大的关系，小矮人血液中这种生长激素只有一般人种的 2/3。梅里米认为，这种生长激素分泌量的减少，正是他们成为小矮人的直接原因。但是，小矮人身体内部的生长激素为什么比较少，是种族原因还是营养原因抑或是生存环境的原因，还有待进一步研究。

有些人类学家提出了人种差异说，认为小矮人是古代就存在的。他们认为，在非洲南部和偏东地区考古挖掘中，个子较小的古人类化石代表着小矮人的祖先。民族学家乔治·西尔鲍埃认为，小矮人的祖先在遥远的古代就生活在南非和东非。

但是，问题依然还很多：小矮人经过多少历史的年代才变成了小矮人的？他们祖先的身高情况如何？这些都是人类学家迫切希望解开的谜，这些问题的解开，不仅会使小矮人的历史大白于世，而且将对人种形成和变化年代提供深入的认识。

千古罕见的人腿鱼怪

前不久，渔民们在阿拉伯海的浅水湾中，意外捕捞到一条世界上绝无仅有的人腿鱼怪。当地居民看到这个令人毛骨悚然的鱼怪后，疑为碰上了不祥之物，便纷纷惊恐地离开现场。

幸好来这里观光的一名外地游客带着摄像机，他好奇地拍下了那珍贵的镜头。英国鱼类学家克·卡雷勃认为，该照片是真实的，它清晰地反映出了鱼怪全貌。长期以来，这种海洋生物一直被人们视为具有传奇色彩的神话中的鱼怪。19世纪中期，埃·格雷顿爵士首次对这种神奇生物作了详述。

今天，许多科学家认为，鱼怪即便不是神话，也早已从这个世界上销声匿迹了，尽管经常传来消息说，有人亲眼见过这种神奇的生物。然而，对科学家来说，实在太不走运！迄今为止，连一条真正的鱼怪标本也没得到。1993年在美国加利福尼亚州，一条死鱼怪被海潮冲到海滨浴场的岸边，但遗憾的是，当专家们赶到现场时，这条鱼怪早已腐烂变质，已无法将其保存下来。

这张鱼怪照片的摄影者叫伦·多纳秀，他深有感触地说："当时在场的围观者很多，我甚至用双手亲自去触摸了这条鱼怪，它的肉体还挺结实哩！一点儿没有腐烂变质。这条大鱼怪只是多长出一双人腿，说它是人腿还不完全是人腿，不过，跟人腿几乎没多大区别。"

当时,伦·多纳秀请求当地老百姓帮忙,准备将其用酒精浸泡进行防腐,他想给渔民们扔下一大笔钱,把鱼怪赶快运到附近的任何一所大学,可是,大学在哪儿?往哪儿运呢?这时,又出现了麻烦,渔民们死盯住鱼怪不放,他们用迷信的方式对伦·多纳秀说:"据传,这条鱼怪是魔鬼的变种,如果不将其放回大海,真主会惩罚这里的渔民们。"于是,渔民们用一条小船将这条鱼怪运回大海将其沉入水中,同时,将他们捕捞的其他水产品也全部抛入大海。当地渔民认为,这条鱼怪不是鱼,而是海妖的侍从。这时,渔民们转向摄影者,准备将他手中的摄像机夺走一并投进大海。幸好他趁渔民们不注意,溜之大吉,摆脱了这些愚昧的渔民,幸运地保存下这张珍贵照片。

在俚语中,"鱼怪"一词的意思是"半鱼半人"或"美人鱼"。相信这种鱼怪真实存在的科学家把它称作"半鱼半人海洋生物"即一半是鱼,另一半是人。

目前还知道存在美人鱼和半变态水生生物,它们都是怪兽,它们只是上半身器官是人的,下半身器官是动物的。而照片上的这种鱼怪恰恰相反,它的上半身是动物的,而下半身是人的。这些半鱼半人的海洋生物究竟是怎样繁殖的,眼下尚不清楚。所以,某些科学家认为,半变态水生生物和鱼怪的出现纯属从偶然到偶然的某种海洋生物的变异现象。值得注意的是,这条鱼怪,与其长长的一双人腿紧挨的部位根本不是臀部或人的其他器官,而是一条天生的鱼尾,它的一双人腿看上去很像半鱼半人海洋生物的生理特征。据诸多的目击者介绍,这种半鱼半人的鱼怪几乎栖息在所有温带海域里。例如，格雷顿爵士就曾在希腊沿海发现过这种鱼怪。然而，鱼怪照片是很有说服力的佐证材料，它有助于我们更好地分析和研究这种半鱼半人海洋生物的生理构造和生活习性。但令人遗憾的是，这种价值连城的鱼怪标本从来没有落入科学家的手中。

奇异的塔斯马亚尼虎灭绝之谜

已经灭绝的塔斯马尼亚虎（Tasmanian Tiger）是一种很奇妙的动物——据最新的基因研究证实，它并不属于犬科，而是一种与袋鼠和考拉有亲缘关系的有袋目动物，所以它还有一个更贴切的名字——袋狼（Thylacine）。

不久之前，人们对于这种神秘的动物还知之甚少，最新的DNA研究结果揭晓了这种长得很像狗、身上拥有类似老虎斑纹的有袋动物所属的家谱，并发现塔斯马尼亚袋狼已于73年前灭绝。

1936年最后一只已知的塔斯马尼亚袋狼死于塔斯马尼亚的霍巴特动物园之后，虽然还有一些人表示又看到过这种动物的踪影，但研究人员认为塔斯马尼亚袋狼已经灭绝。而在其灭绝的40年前，这种物种的遗传多样性就已经降到了非常低的程度，科学家认为这是导致其灭绝的最主要原因。

但在此之前，其实袋狼的生存就已经受到了威胁，开始慢慢步入灭绝的轨道。

新研究结果发表在了《基因研究》网站上，该研究项目的负责人生物学教授韦伯·米勒表示："大约在3000年前，袋狼就已经从澳洲大陆消失，原因很可能是在与食性相同的澳洲野犬争斗中的失败。可以说，袋狼早在当时就已经——至少在澳洲大陆上——出现了灭绝的迹象。"

米勒教授补充道："从1803年欧洲移民来到塔斯马尼亚岛到上世纪30年代之间的这段时间里，各种各样的因素威胁着袋狼的生存，其中就包括：由于人们误认为袋狼会捕食羊群，所以政府出赏金奖赏捕杀袋狼。到了1900—1910年间，袋狼种群又遭到了一场流行传染疾病的扫荡，数量大大减少，但目前我们还无法断定这场疾病对于袋狼灭绝造成的影响到底有多大。"

米勒教授和他所带领的团队利用先进的DNA排序技术对两具保存下来的袋狼标本毛发做了详尽的分析。这两具标本分别是一只于1893年死于英国伦敦动物园的母袋狼和一只1902年被带到美国国家动物园后仅存活了3年的公袋狼。

虽然这两只袋狼生活在不同的大陆，但它们的线粒体DNA——母体遗传基因组片段——却几乎一模一样，这表明了在19世纪末20世纪初的时候，这种物种的遗传多样性已经快低到极限了。

DNA分析家还表示，虽然从外形上看，袋狼介于犬和老虎之间，但是这种有袋动物在DNA特征上更接近澳大利亚一种身上同样有斑纹的名为"袋食蚁兽"（Numbats）的动物，并和袋鼠、考拉有亲缘关系。

这两具袋狼标本一个被剥制师做成了干标本，另一个则被储存在酒精中。科学家们对其做了非常精细的分析，甚至可以识别标本身上的细菌、病毒以及其他微生物。

圣地亚哥动物园动物保护研究遗传学副主管奥利弗·莱德在接受 Discovery 新闻采访时表示：这项研究"是一项非常了不起的成就"。

莱德补充道："通过对袋狼标本中古老 DNA 线粒体序列的研究，我们可以获得更多关于袋狼灭绝原因的有用信息，从而更好地理解袋狼灭绝的过程……还能将这一结论更及时地运用到对目前濒临灭绝物种的保护工作中。"

在这些濒临灭绝的物种中，有一种叫做袋獾（英文名：Tasmanian devil，即塔斯马尼亚恶魔）的动物就存在类似袋狼灭绝的状况——这种动物目前也面临着遗传多样性极低的危险。

飞蛾扑光之谜

夏天的晚上，当屋子里点上电灯后，常常有蛾子飞进屋来，围绕着灯光团团打转。如果灯光熄灭了，这些蛾子就会很快飞散。可是，当灯光重新点亮时，蛾子又会从四面八方再度飞来。

那么，飞蛾为什么扑向灯光呢？过去，人们只认为飞蛾特别喜欢光亮，"飞蛾扑灯"说的正是飞蛾的趋光性。其实，飞蛾看不见红色光线，而对紫外光线的反应特别灵敏。因此，人们利用飞蛾的这种特性，在田野里悬挂起一盏盏紫外光灯，在灯下放置水盆或设下"陷阱"，让飞蛾在绕灯打转时跌进去，从而诱杀它们。

科学家经过长期的观察和实验，还发现飞蛾在夜间飞行活动时，是依靠月光来判定方向的。它总是使月光就会从一个方向投射到它的眼里。当它经过障碍物转弯以后，只要再转一个弯，月光从原先的方向射来，它也就找到了方向。在没有月亮的时候，飞蛾看到灯光时，错误地认为这是"月光"。于是，它就用这个假"月光"来辨别方向。它只要使自己与月亮保持固定的角度，就可以使自己朝一定的方向飞行，方向就不会错。可是，由于灯光离飞蛾很近，飞蛾为了使自己同光源保持着固定的角度，就会不停地绕着灯光打转转，直到最后精疲力尽地死去。

能在半空中停留的蜂鸟

在鸟类中，有一种十分奇特而有趣的鸟，它的个儿非常小，和辛勤的蜜蜂一样，以采集花蜜为生，因此人们把它叫做蜂鸟。

你见过一只蜂鸟平稳地飞在花朵上方停那么一小会儿吗？那几乎是完全"停"在空中，用它的喙伸进花中，然后突然飞去。

那么蜂鸟到底是停歇在什么上面呢？什么也没有，它真是在半空中停留。由于蜂鸟习惯于吃花蕊中的蜜汁和躲藏在花中心的小昆虫，而这些花儿一般又都太小而且非常娇柔，如果蜂鸟停在花上，花朵就会支持不住它的重量，所以蜂鸟不得不发展它那奇异的翅

膀。它那狭长的翅膀每秒钟能急速振动50~70次，使人们仅能够稍稍地看到一片灰雾。它的飞行速度每秒钟可达50米，不仅能向前飞，而且能向后倒飞，还能像螺旋桨的叶子那样作圆形飞转。它有时又似一架微型的直升飞机，能垂直起落，如同倒立的杂技演员那样，垂直定悬在空中，将它的喙伸到花中去取蜜和虫子。

为什么颜色也能充当植物生长的肥料

如果说，"颜色"也可作为肥料，而且增产效果十分显著，你一定会表示怀疑。然而，这已经是千真万确的事实。

我们知道，太阳光是由红、橙、黄、绿、靛、蓝、紫7种单色光组成的。经科学实验证明，植物叶片在进行光合作用时，叶绿素对太阳光线并不是全部吸收，而是较多地选择吸收红光、蓝光和紫光，对绿光则很少吸收。

　　作物选择不同颜色的光线，对它们的生长会产生不同的影响。比方说，波长400～500微米的蓝紫光，可以激活叶绿体的运动；波长600～700微米的红光，不仅能增强叶绿素的光合作用能力，促进植物的生长，而且还能提高植物的含糖量；而蓝色光，则能增加作物的蛋白质含量；至于橙色光和黄色光，虽然对促进叶绿素的光合作用比红色光差，但却比紫色光高2倍。

　　科学家们在从有色光对植物光合作用影响的大量研究中受到启迪：如果让农作物处在一个适合的色光中，它们就可以更好地进行光合作用，这不就可以提高作物的产量了吗？

　　于是，科学家把目光投向了彩色塑料薄膜。通过有色薄膜，给农作物盖上不同色彩的"被子"，以促使农作物生长发育。

　　植物对色彩有选择性地吸收，这是因为植物体内遍布着一种叫植物色素的化合物，它不仅具有调节植物生长功能的颜色感知器，还可感知光波波长的细微变化。合适的光波波长能够提高作物的光合作用效率，促进作物的生长，从而获得高产。

　　实践证明，如果采用红色薄膜培育棉苗，棉苗不仅株高茎粗，而且根系长，侧根多，叶大而色绿，病害少，为棉花丰产奠定了基础。用黄色薄膜罩在茶树上，茶叶产量提高，香味浓郁。用红色薄膜覆盖甜瓜，瓜的含糖量和维生素成分提高，而且可提前半个月上市。小麦在红光下，可以加速生长，提高产量。辣椒在白光下生长较好，在红光下则更好。茄子在紫光或紫色薄膜覆盖下，结的果实既大又多。菠菜在紫色或银色薄膜覆盖下，生长非常迅速。番茄在紫色、橙红色和黄色薄膜下，都可以大幅度提高产量，以覆盖紫色薄膜的增产幅度最大，可达40%以上。

农业科技人员还用红、绿、蓝、白4种薄膜分别覆盖在早稻秧田上进行育苗试验。结果表明，覆盖蓝色薄膜的秧苗最为理想，苗壮、分蘖多，干物质重量增加。在黄瓜苗期，用黑色薄膜覆盖几天，可以促使黄瓜早日现蕾、开花；而后用橙色、红色和黄色薄膜覆盖，也同样可以提高产量。但用蓝色薄膜覆盖黄瓜，则对它的生长不利。

由此可见，植物生长对光的波长有一定的选择性。如果采用彩色薄膜滤光技术，可以加强有利于作物生长的色光，就能达到稳产、高产的目的。所以，从这个意义上讲，颜色也是一种肥料。

古代文明

世界文化探秘

古代文明

最早的古文明之谜

  一层层的台阶,建得高耸入云,顶上再建庙宇,这种气势雄伟的建筑物名叫庙塔。庙塔是 5000 年前美索不达米亚城邦鼎盛时代的标志。著名的巴比伦巴别通天塔是其中最壮观的一座。庙塔的功用至今仍是个谜。是陵墓?是天文观测台?还是供诸神下凡的踏脚处?

  世界最早的伟大文明,早于 5000 年前就在美索不达米亚肥沃的平原上出现了。那个平原就是今天伊拉克和伊朗之间的交界地区。公元前 3500 年以后的几百年间,苏美尔人和以拦人,亚述人和巴比伦人,凯赛特人和波斯人等民族,先后在底格里斯河和幼发拉底河之间这片肥沃地带,以及东面的丘陵地区聚居。他们既有创造力,又多半骁勇好斗。

  他们在这片狭窄的平原上建立起来的繁荣城市,现在都已成为传说,只留下一堆堆泥砖、人工制品和瓦砾,散落在古城遗址附近的地面上。他们为诸神建造的伟大庙宇建筑,也就是高耸入云的砖造庙塔，仍屹立在废墟里。庙塔的形状好似金字塔，由一层层台阶垒建而成，上小下大。有的庙塔高达90米。有人说顶上所建的庙宇是诸神前往凡间居所途中的踏脚处，另一座庙宇则建在庙塔的脚下。

美索不达米亚众多城邦遗留下来的庙塔，已知的共有30座左右。建造年代都在公元前3000年—前500年之间。在当时人们的眼中，庙塔就像埃及的金字塔那样壮观，但现在大部分不过是一堆碎砖，其中最著名的埃特曼南基庙塔，一般认为就是《圣经》中说的巴别通天塔，已不可复见了。

这座大建筑物，坐落在曾是尼布甲尼撒二世（公元前605—前562年）繁华国都的巴比伦城内，依傍着现在只剩下那巨大方形基层的轮廓。

庙塔本身破败不堪，很难以此作研究之用。没有别的古迹比它遭受的破坏更严重。庙塔的砖头时常被人偷去造屋。遗迹受风雨侵蚀，时有化为尘土之虞。美索不达米亚的各大城市，多半都至少有一座庙塔，供奉族人崇拜的神祇。有证据证明，亚述城至少有3座庙塔。该城位于伊拉克北部底格里斯河畔，是亚述人的旧都，到公元前614年，南方的迦勒底人将它攻陷破坏。建在吾珥的巨大庙塔，大部分还是留存了下来。吾珥先是苏美尔人的大城市，后来又属于迦勒底人。在巴比伦城附近的尼姆拉德泉和距巴格达不远的阿卡尔奎夫，还存有若干庙塔。

庙塔看来并不是某一个建筑师独出心裁的作品，而是一种工艺长期演化的结晶。但是我们对这个演变过程所知甚少。在沃卡进行的发掘工作，为探索庙塔的源流提供了一点线索。这个遗址位于伊拉克南边沙漠附近，是古代的乌鲁克，也就是《圣经》里提到的以力。苏美尔王国有好几个朝代定都于此。

那里的一个广大区域内，有若干座这种拜神用的大建筑物。其中一座庙宇因为四壁涂上石灰而名为白庙，很可能是供奉天神阿努的。阿努是至高无上的主宰，相当于希腊的主神宙斯。白庙大约是在公元前3000年造的，建于约12米的高台上。规模相当小，似乎不是让信徒参拜的地方，而是迎接阿努卜凡的圣所。考古学家认为，乌鲁克白庙的高台可能是庙塔的原型，后来才台上加台，越造越高。

庙塔与美索不达米亚的建筑物都是砖造的。这个地区盛产棕榈，但棕榈木质欠佳，不宜建屋。而且，在广大的美索不达米亚平原上也没有岩石。北部虽有些石头，但品质低劣，不堪使用。

庙塔主要用粗制的土坯建造。土坯以黏土搀和切碎的草秆用模造型后，放在太阳光下晒干。结构则是用烧过的砖，涂以沥青浆接合建成。《圣经·创世记》第十一章叙述巴别通天塔时，提到这个工序："他们彼此商量说，来罢，我们要做砖，把砖烧透了。他们就拿砖当石头，又拿石漆当灰泥。"

《圣经》中说的"石漆"，事实上就是沥青。这是从伊朗高原输入，而在美索不达米亚普遍使用的材料。不但用作建筑的黏合物，还用作外层涂料。例如在底格里斯河及幼发拉底河上航行的船只，都用沥青作防水涂料。

底格里斯和幼发拉底两河的低洼地中盛产各种水草。有些水草也用作建筑材料，而用法颇为奇特。公元前14世纪～前13世纪入侵的凯赛特人，建都于阿卡尔奎夫。那里的庙塔，每隔八、九层砖

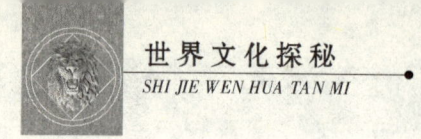

头铺置一层芦苇垫,就像罗马人在层层三合土间铺置一层砖块一样。这些芦苇往往编成粗绳,嵌进墙的中间,巩固接缝。

苏美尔人和他们的后继者,都是艺术家。他们尽展所长,使庙塔的巨墙外观不致显得单调。他们建造了高大的斜桥,连接各层台阶的斜形阶梯,还用支墩作装饰把平面墙分成几段。

英国著名考古学家伦纳德·伍利爵士,曾在1922—1934年间发掘吾珥的庙塔。他发现庙塔的主要建筑线条略呈弯形,以避免笔直线条所产生的软弱无力的视觉效果,同时纠正中部弯曲的错觉。希腊人在古代建筑中应用了这个原理,特别是雅典巴特农神庙的柱子,使后人对希腊人称赞不已。现在我们知道,美索不达米亚人比希腊人早两千年就已熟练地应用这个原理了。

为增添庙塔的壮丽,那时的人确实尽了全力。外墙上可能涂过鲜明的颜色。伍利爵士证实,吾珥的庙塔底下几层涂的是黑色,上面几层涂的是红色,这可能代表黑暗和光明的对照。

在伊拉克北部古城尼尼微附近的霍沙巴德发现的亚述庙塔遗迹,看得出各层依次涂上白、黑、玫瑰红、蓝、朱红、银白和金黄等颜色。墙上镶着印花的、彩画的板和雕像等作装饰。顶上圣殿闪闪生辉。该庙塔是公元前717—前707年间撒珥根二世统治时期建成的。

尼布甲尼撒二世留下铭文宣称,他在巴比伦城"用鲜蓝色釉烧制的砖"建造埃特曼南基。现今一般人认为那就是《圣经》所说的没有建成的巴别通天塔。亚述的末代国王阿叔巴尼帕(公元前688—前627年)也说过,他摧毁书珊城的庙塔时把"亮铜板上镶着的犄角"扯了下来。那显然是镶在彩陶砖片上面,代表该城神祇的东西。各层平台还可能种植了花木，像巴比伦空中花园那个样式。

吾珥城几个世纪以来一直是苏美尔人的首都。那里的庙塔由于修补工作做得好，所以保存得最完整，而且最壮观。吾珥城位于伊拉克南部，就是《圣经》里提及的于珥城，亦即亚伯拉罕的故乡。伍利爵士在那里发现很多苏美尔的艺术珍品，以及内有殉葬臣仆尸体的陵墓。

吾珥城的庙塔又高又大，远处就可望见。虽然整个多层建筑已经消失不见，但是从气魄之大、建筑之平衡能力来看，废墟仍不失为一座令人惊叹的古迹。该庙塔共分几个时期建成，不过整体上非常协调，实在令人称奇。这座庙塔最早的建筑，可能远在公元前3000年落成；后来可能曾在公元前2100年重建；到了尼布甲尼撒二世全盛时期，再把它加高。庙塔是为吾珥居民最崇敬的月神南纳而建的。月神的圣殿就设在庙塔脚下。神临人间落脚的高塔与神所居住的圣殿，通常都依照这种方式建成。

尼姆拉德泉的庙塔也是尼布甲尼撒所建，奉献给文曲星纳布。纳布是附近巴比伦城马都克神的儿子。古人看到这座庙塔，往往误以为它是巴别通天塔。塔基的一边长82米，遗迹仍很雄伟壮观。由于一场大火烧毁了部分庙塔，上层砖头熔合成有了陶釉的石块。大火可能是由沥青和草秆自燃而起。

建造庙塔的人，利用一些别出心裁的方法，特别多用内部的排水系统，防止雨水侵蚀未经烧硬的土坯。这些系统曾在吾珥城的庙塔中发现过。尼布甲尼撒二世也曾发现尼姆拉德泉的庙塔因"排水管失了效"，快要塌下来。不论采取什么预防措施，庙塔多半都会

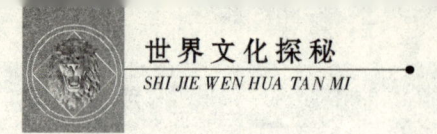

因天长日久而损毁，在千百年历史中，这些庙塔必曾多次重建。

现存最大的庙塔，并不在美索不达米亚，而是在古代以拦国的乔加赞比尔，即今日伊朗的西部地区。当地虽然别具特质，但与美索不达米亚地区交往甚密。距古代以拦国首都书珊约20千米的一座庙塔，就是彼此保持往来的明证。

庙塔大约建于公元前1250年，是以拦国王昂达殊·纳皮里沙所建。砖块上常有他的名字。庙塔共有5层，高50千米。塔顶上的神殿供奉以拦神恩殊仙拿克。朝圣的人似乎可以走上庙塔的第一层，其余部分则留给祭师专用。考古学家在遗址发掘时，发现一些鲜为人知的宗教仪式。整座结构的厚墙内，有些特殊格局的房间，在某个时期曾经用墙封起来。

从这座庙塔的规模可知，昂达殊·纳皮里沙是位很有权势的国王，可惜有关他的记载没有多少。不久前在书珊原址发现了他妻子纳皮拉苏的铜像，现藏在巴黎的罗浮宫博物馆中。铜像用生铜铸成，经过加工凿刻，重1.75吨，手工精巧，堪称古代中东的艺术杰作。

在现存的许多庙塔遗迹中，最让人惋惜的就是，最大最杰出的巴比伦的埃特曼南基，没有留下基层上部建筑物的遗迹。

《圣经》上记载这座名塔的文字，大家耳熟能详。世人认为这是出自挪亚后人所述。

他们说，来罢，我们要建造一座城和一座塔，塔顶通天，为要传扬我们的名，免得我们分散在其他地方。耶和华降临要看看世人所建造的城和塔，他说，看啊，他们成为一样的人民，都是一样的言语，如今既做起这事来，以后他们所要做的事，就没有不成的了。我们下去,在那里变乱他们的口音,使他们的言语,彼此不通。于是耶和华使他们从那里分散到地球的各个角落,他们就停工不造那城了。因为耶和华在那里变乱天下人的言语,使众人分散在地球的各个角落,所以那城名叫"巴别",就是变化的意思。

《圣经》对塔名的解释,非常奇妙,把"巴别"这名词与希伯来文的动词"混乱"连在一起。其实"巴别"原字是来自巴比伦文,原意为"神之门"。

埃特曼南基的意思是"天地的基本住所"。建成后又重建过多次,最后由尼布甲尼撒二世改建成最辉煌的庙塔。

公元前689年,亚述国王西拿基立攻陷和摧毁巴比伦城,庙塔也未能幸免。早期的一个巴比伦王国因而突然灭亡。但新巴比伦王朝的君主自拿保卜拉撒(公元前625—605年)起,便着手重建庙塔。拿保卜拉撒在记载这项重建工程的铭文中宣称,"取自山上海上的金银珠宝,大量镶在塔基里……各种油料香料混和在砖块中……我身为王者,喜欢运送盛砖的篮子,把篮子送到塔基去。我在马都克神前鞠躬,脱下皇袍,解下皇帝的徽章,把砖和泥顶在头上运送。我叫最心爱的长子尼布甲尼撒帮助运泥,又亲自携来酒、油两种祭品……"

另一段应该是尼布甲尼撒所写的铭文,记载了建筑工程持续进行的情况:"至于埃特曼南基,拿保卜拉撒……已把塔基建好,并建到30腕尺(约14米)高,但还未建塔顶。我着手做这件工作。我亲手把从黎巴嫩茂盛的森林运来的雪松木斩开,用作建筑材料。又把围墙那些大门建造得辉煌壮丽,像白画那样炫目。还亲自把各门装上。"

建筑物上的浮雕，都刻出国王及皇族参加建筑工作时的情况。他们头顶载送建筑材料的篮子，手拿工具和建筑用的器具。

巴比伦城内用来敬拜神祇的财宝，确实灿烂夺目。通天塔旁边就是城内宗教生活的中心——马都克大神庙。马都克坐在庙里的宝座上。根据希罗多德的记载，这座金像的重量，不下 800 "他连得"。

另外有块铭文，把巴比伦围墙里面拜神的地方详列出来。其中有"53 座属于各主要神祇，55 座专供奉马都克，另有 300 座地神祠及 600 座天神祠"。此外，还有近 400 个祭坛。

兴建那么多建筑物，而且有的还很庞大，需用的人力一定相当多。巴别通天塔被亚述人破坏后，尼布甲尼撒下令巴比伦人重建时，根据铭文所说，他们不得不号召"全国各族的人，不分南北也不论内陆或沿海地区，都要前来参加工作"。

尼布甲尼撒死后 25 年，巴比伦成为波斯国的一个省。公元前 478 年，波斯国王瑟克昔斯在那里平定一场叛乱之后，就任由埃特曼南基弃置。后来附近希拉地方的居民可能前来从倒毁的瓦砾中把砖块捡出，拿去建造房子。

虽然如此，大约在公元前 460 年，希腊史学家希罗多德游览该城时，依然对埃特曼南基赞赏不已。希罗多德记述说："它有一座实心的主塔，一弗隆（220 码）见方。上面又有一层，再上是第三层，一共有 8 层，外缘有条螺旋形通道，绕塔而上，直达塔顶。约在半途设有座位，可供歇脚。"庙塔共有 7 级，他却说有 8 层，必定是把塔基的土台或塔顶的圣所也计算在内了。

他这段简短的描写，在一块珍贵的石碑上有较详叙述。据说此碑得自伊沙基拉，即塔基内的马都克神庙。碑文所记的大庙塔尺寸是，塔基每边长90米，高度也是90米。考古学家查出，塔基边长的确数是91米。因此碑文所说的数字，似乎相当准确。

巴别通天塔的实际尺寸，比其他已知的庙塔大。因为它属于马都克，所以理应比其他庙塔为大。马都克原是巴比伦一城之神，后来由于巴比伦城长期享誉盛隆，远超美索不达米亚其他城市，马都克就成为一国之神，连极有势力的天神阿努及地神安里尔也失了色。大家改奉马都克为至高无上的神，说他支配整个宇宙。他既是一国之神，又是天下之神，因此不单是军队的保护者——带领士兵取胜的战神，而且是仁慈的至尊，生命和健康的赐予者，世上财富的保护者。

玛雅古文明之谜

玛雅人居住的领域包括中美洲的心脏地带，横跨危地马拉、墨西哥、洪都拉斯和萨尔瓦多部分地区，分别以3个互相隔离的区域为中心——齐阿巴斯和危地马拉高原的南部高地、太平洋潮湿的沿海平原与萨尔瓦多西部、墨西哥湾伸展到贝利斯一带及洪都拉斯的热带森林区。主要人口则集中在今天危地马拉的佩登省和北犹加敦矮丛密布的低洼地区。

哥伦布在1492年远渡重洋，发现新大陆时，中美洲只剩一群落后的民族，曾叱咤一时，辉煌灿烂的玛雅帝国早已不知所终。

1502年哥伦布在他的第四次航海中，就曾碰到乘坐独木舟彬彬有礼的玛雅商人。1519年，西班牙人入侵了中南美阿斯地加王国蒙地斯曼。他们的目的是黄金和香料，然而他们看到一个巨大石头所造的都市。这座设计俨然的巨大都市，比他们所知的西班牙某个城市或是希腊、罗马等遗迹更壮大、雄伟。随后，人们从洪都拉斯和危地马拉的密林中，又发现了阿斯地加王国的石造都市，这就是玛雅族的文化。玛雅曾被认为有马德烈文明之称的爱尔美加人存在。总之，从中美的墨西哥和尤卡坦半岛的巨石文明，可看到爱尔美加—玛雅—阿斯地加的文化发展的脉络。

西班牙人攻占墨西哥时，玛雅人的后裔虽然仍使用古老而特殊的玛雅文，却仅是山野间的贫困居民，再也寻不出昔日光芒万丈的雄风。但对玛雅人而言，与西班牙人接触却是一个不幸的开始。西班牙人不但将此当作殖民地，还带给玛雅人天花、结核等疾病，两位天主教神父也彻底破坏了玛雅文明。

一、玛雅文明之发现

来自西班牙的兰达修士于1566年见到丛林中如高塔般威风凛凛的神殿时，简直不敢相信自己的眼睛，徘徊流连数月之后，他做了如下的笔记："都是用雕琢得十分精细的石块砌成的，尽管当地没有任何金属器具可用。"

而这些玛雅文明重新为欧美所认识，是在迈入19世纪以后。1822年英国人陆续着手研究玛雅文化，并推论说，玛雅文明是由《旧约·圣经》中的"失落的十部族"的后裔所建造的。在危地马拉东部有一大片广大的热带丛林。1849年，有两名白人来到此地，一个是美国人约翰·史蒂芬森，另一个则是英国画家佛莱迪力克·嘉乌德。但在两位白人探险家前来此地之前，玛雅的超古代文明遗迹早已封闭了。当时中美洲正发生巨大叛乱，所以两人一开始探险就被捕，数日后两人才被释放继续探险。二人雇了当地的向导，经过几天终于发现一高约30米的石壁绽放出耀眼的光芒。渡河之后两人看到了比想象中更为壮丽的遗迹。巨大的雕刻、石柱、祭坛，表面都刻有人物、动物及象形文字。另外，还有一巨大金字塔形的建筑物耸立于林木之间。其次在东侧也有一高大的神殿，刻着2500个"神圣文字"及各种奇异又美丽的雕刻。史蒂芬森二人的探险工作持续了数年，新的遗迹不断被发现，而此文明遗迹之谜，也变得愈来愈难解了。

大约在公元前300年以后的1000年间，玛雅文化达到了鼎盛时期。随着王朝的力量不断强大，高贵的王室成员披戴上了精美的官服；牧师们走进王室为帝王出谋献策，当然还要主持神秘的宗教仪式。直到后来爆发了地方战争，太平盛世才随之湮灭，城市也顷刻间毁于一旦。公元830年前后，在欧洲人到达美洲之前，"古典的"玛雅人就已离开了那些宏伟壮观的城市，玛雅城市也很快被丛林覆盖了，雄伟的建筑也慢慢地荒废了。就当地人后来提供的证据来看，在玛雅时期从来没有发生过饥荒和洪水，没有传染过任何致命的疾病，也没有爆发过大规模的战争。这的确是个奇迹——一个演变了1000年，发展了1000年的城市，在精神文化和科学艺术达到巅峰之后，却不声不响地消失了，连一点儿可供解释的东西都没有留下！

事实上没有人真正知道玛雅人的发源地到底在哪里，因此也没有人知道他们是从哪儿得到如此先进的知识的，并且在如此短暂的时间里创造了如此伟大的文化遗产。总之，许许多多关于古玛雅文化的事情都是个谜。

二、丛林中的神殿

众所周知的古玛雅文明是世界上最先进最成熟的文明之一。现在保存下来的有粗犷、宏大的城堡奇琴伊察（Chichen Itza）；有遍布尤科迈尔（Uxmal）、刻满蛇和怪诞图像的建筑纪念物；有审美价值颇高的布兰科（Palenque）；有加勒比海对面的塔拉姆（Tulum）；还有曾经盛极一时的提卡尔遗址，据说当时曾经拥有50000多居住人口。

遗址的大广场是在一处灌木林的空地上建起来的，充满了无限神秘而恐怖的色彩。它的北面是北阿科罗普利斯（North Acropolis）神庙的废墟，南面是中央阿科罗普利斯（Central Acroplis）宫殿，东面和西面各耸立着两座大金字塔，分别被称为"美洲虎"（Jaguar）神庙和"面具"（Masks）神庙。这些金字塔每一座都十分陡峭。形状看上去和人人皆知的埃及金字塔十分相似。但没有著名的吉萨金字塔大，侧面也没有它光滑，但比它要陡峭得多。这些金字塔是一大层一大层建起来的，或者说建有巨大的台阶，每座金字塔顶部都有一座寺庙。

玛雅文化所涵盖的地区极为宽广，面积约为30万平方千米。在此区域全是热带雨林，由于湿热潮湿，几乎成了流行病最盛行的地方，而且到处充满了可怕的野兽。一般文化的发展皆选择河岸边的土壤肥沃地带，而玛雅文化则是在如地狱般的环境中建造出都市。第一个谜是：为何玛雅族要隐藏起自己，并在黑暗之地建造壮丽的石造都市群呢？《旧约·圣经》中所言"失落的十部族"后裔之说，在此似乎颇具说服力，因此部落就是要隐藏自己，但此种说法并不为科学界的学者所认同。第二个谜是：建造巨大都市的技术何来呢？在玛雅中最古老的都市是提卡尔，其面积为16平方千米，此地有许多宫殿、神殿与僧院等石造建筑群。在提卡尔遗迹中所挖出的"时间石碑"上刻有最古老的日期292年和最新的日期879年。可想而知，这期间的600年应是提卡尔文明的最盛期。

当玛雅文明发展到巅峰期时，玛雅区的艺术已经发展出一致的形式来。这时的人口也增加很多，以提卡尔来说，便多了两倍以上。随着人口的增加，神殿和宫殿等大型建筑也如雨后春笋般四处冒起。提卡尔出土的神殿基坛，一半以上的下方都是墓室，因而学者认为神殿基坛是为纪念死者而建造的。死者多半是皇族或贵族，平民没有权力，也没有能力为自己营造如此宏伟的墓室。奇琴伊察、柯巴·帕兰开等都市，由于久为密林所掩盖，几世纪前已不见人迹。隐藏在古古鲁汗金字塔内部的密室，这些玛雅大都市，到底因什么目的而建呢？

在地理上奇琴伊察，是为观测天文的最佳场所。古古鲁汗金字塔的主要寺院，从4时半至18时半止，可以观测太阳，特别是3月21日及9月23日的春分、秋分，同时也可记录其轨道情形。这两天,（或者前后 2~3 日）金字塔上会出现不可思议的光和影所构成的图形。夕暮的太阳光线照在 9 段的金字塔上,出现了 7 个等腰三角形的光带,光带的一端,正好通到金字塔土台上巨蛇的头部。瞬间产生的等腰三角形,属偶然之说,已遭否定,光与影已证明是数学上的计算及设计而得。每年观光者从世界各地涌集至此,只为了一睹奇迹。

至于金字塔是依天文学目的而建,可由下列数字看出:金字塔四面各有 52 个四角浮雕,表示玛雅的 1 世纪 52 年（365 天的太阳历和 260 天的玛雅独有的卓金历,再次回到始点的期间）。13 个角代表一年 13 个月（卓金历 20 天 × 13 个月 = 260 天）,又 91 阶布于四面,91 × 4 = 364,加上最上一阶共计 365 天,表示太阳历的一年。金字塔内部和埃及金字塔的内部相同,设有通道及房间,那里是精通深奥教义的祭司们受教之地。形成光带的阶梯的右侧,有通往内部寺院的内部阶梯。再往上,即可到达金字塔的顶端出口,奇琴伊察的景色,马上展现在眼前。

奇琴伊察东侧,称为千条柱的建筑物群中,最醒目的是战士神殿（原为骑士神殿）建筑物。这个较低的金字塔,在阶梯顶端的两侧有旗手之像,中央深处是祭坛,支撑祭坛的则是阿特兰登欧尔（力鼎苍天者）之像。神殿外侧的壁上,有战士头部镶入蛇口的雕刻。其下是通往金字塔内部的秘道,秘道和许多秘密仪式的房间相连接。房间的柱子上,有装饰着羽毛、护耳、首饰并以数量区别秘教阶段的祭司浮雕。这些房间都非常美观,好像充满另一个世界的气氛。"战士神殿"正面是有名的球技场。这里的球技,是仪式性的,和数学、天文学等教育目的有关。参加者使用一种橡皮球,不用手，而以臀部及腿部进行。用臀部及腿部运球，意味着必须十分注意生殖器及性器的部分。球必须画出和天空的星座平行的轨道，最后以通过高挂在墙壁中央的石轮而结束。球技场是一种由独特的两个T所合成的形状（工），站在中央，可以听到17次球撞击时的回音。壁两侧，有关于宗教的浮雕，其中央位置有一战士被象征性地切首，被切下来的头部出现7条蛇，最后一条则代表永远生命之木。浮雕的下部分，有象征死亡的头盖骨，即不断地出现在祭坛或雕刻中关于武的意念是自然现象，而且和肉体的死亡没有任何关系，显示出玛雅秘教教义中，向内性的秘教之死。通过这阶段的教育及试炼后而精通奥义的人，便移往奇琴伊察以南的地区，即呈圆螺旋状称为"蜗牛"的天文观测所所在位置，继续接受教育。观测所位于平坦的台座上，可由4个入口处计算测定夏至、冬至的太阳轨道，以及月球由北往南倾斜的情形。上面的观测室，一般认为有8个窗口，从这些窗口，可以观测卫星、卫星与卫星间的关联以及无限的宇宙情形。

如同金字塔一样，玛雅文化也被视为是外星人所建立。在"碑铭神殿"玛雅文明最初的金字塔坟墓墓室里放置有一副石棺。1952年11月，石棺被考古学家开启，棺木内盖满一整面的蓝光宝石碎片，里头是一具男性遗体，胸前是玉制串珠的护胸，脸上戴着翡翠面具，10只手指套着翠玉戒指，装饰在遗体上的翡翠饰品，共计有967个之多。此尸骨有175厘米之高，年龄在20岁，但古代玛雅人士属于娇小身材的种族，平均身高最多150厘米左右。更不可思议的是石棺上的雕刻。石棺周边满满雕刻着包括太阳、月亮、星星等的天体图。这位研究者把石棺图拓印本拿给NASA人员，

NASA人员肯定地表示"这是将太空船内部的状态加以图样化的东西","这图是模拟NASA的发射画面照片作画"。NASA人员甚至怀疑是否是NASA内部太空船图样流传出去了,当研究员告诉他们,那是一张在至少几千年前的远古遗迹中发现的石棺拓本,每个人都惊呼不可能。因此有人认为那副石棺的主人,可能是驾驭太空船的年轻人。

三、玛雅文明的发展过程

这个文明是如何兴起的?为何在繁盛期突然灭亡呢?公元前1150年,正是奥美加文化以圣罗伦索为中心的繁盛期,其中包括了玛雅文明。公元前500年左右,由恰巴斯至危地马拉热带丛林中开垦,建立了壮大的都市,形成了玛雅文化。早在奥美加时代,玛雅地区已出现许多新兴市镇,同时出现使用陶器和过着农耕生活的形态。不过,当时玛雅的低地平原带,即后来玛雅文明的巅峰地带,却一直到公元前1000年才出现陶工。所以在此之前的陶器,可能是从奥美加人手上传递过来的。公元前600年,有"玛雅之珠"之称的提卡尔开始自热带密林中发展起来,当时还没有出现造型繁复的装饰和公共建筑。300年以后,这颗珍珠散发出璀璨的光芒,不但出现了代表文明的祭坛,而且以翠玉和贝壳当货币从事交易,陪葬品也显现出代表阶级高低的差异,这都证实了提卡尔已经出现了社会组织的形态。有些学者认为玛雅复杂而规模庞大的神殿,不可能突然在热带丛林中冒出,很可能是来自中南半岛的古文明,越过太平洋传至中美洲,才使玛雅的神殿文化出现。有学者认为崇拜蛇形神的习俗源自4000年前的中国商朝,商朝铜器祭皿上的浮雕纹和玛雅人蛇形神的面具十分类似。有些人便借题发挥,说远在旧石器时代末期，人类可以跨越白令地峡由西伯利亚到美洲去，玛雅人的祖先就是在这个时候由中国过去的，后来地峡消失，他们回不了中国，只好在美洲落地生根，并且建立足可与中国文明相提并论的玛雅文明。这种说法纯属臆测之辞，玛雅人的由来将与印第安人的由来一样，成为世纪之谜。其实玛雅文明也是从原始农村逐渐进步的高度文明，大神殿的出现正继承了奥美加、迪奥提华康的建筑遗产，实在是理所当然之事，与中南半岛的古文明完全无关。玛雅文化式微之后的奥美加遗产由中美各地的文明继承。

四、高度精神文明的玛雅人

以中美的犹加坦半岛为中心，周围15.6万平方千米的丛林与山地间，散布着玛雅金字塔。这些金字塔，在20世纪人类的面前，展现出我们曾自以为是且长期探求的秘教教义。至今，在密林中还不断发现玛雅遗迹群，其规模超过了现代人表面的判断能力。例如最近才开始挖掘的柯巴大都市遗迹，已发现有6500座建筑物。而且，由此都市伸延出名叫沙库贝的道路有42条，通往其他四面八方的玛雅城市如奇琴伊察及德鲁姆等。据推测，住在这个区域的玛雅人，约有数百万。由于土地十分贫瘠，不适合农业，故而本地只栽培有木瓜、香蕉、柑橘、椰子等作物。因此地不产稻米，所以马铃薯是主食。又由于位于热带雨林性气候区，雨量特多，所以终年潮湿。这种不适于生活的地区，却有遗迹遗留，其本身就构成一道谜了。

尤卡坦半岛的东边，是黑珊瑚及色彩鲜明的热带鱼洄游的墨绿色的加勒比海。16世纪初，西班牙人渡加勒比海来此。初踏入新大陆的欧洲人，见到这难以置信的建筑物，立即开始怀疑，是谁留

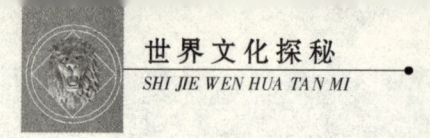

下了这种建筑物。对于这个问题,当地的土著回答说是现今已经绝迹的巨人曾居住于此,而且拿出妥善保存的人骨做证据。这块人骨属于大腿骨部分,又粗又长。吃惊之余的西班牙人,还把它运回西班牙呈献给国王。

1521年此地被征服后,天主教的传教士来到此地,开始研究玛雅的历史、哲学、宗教,进而发现他们大多数的部族,拥有共同的祖先。据土著口述:金字塔大多是祖先的遗物,祖先是大贤者,过着和大自然调和的生活,不杀动物,也不养家畜,生物在自然中各保有它们的生态。玛雅人唯一的神只是古古鲁汗(又名闻兹阿尔柯阿多鲁),以长有羽毛的蛇为象征,并且不管是人类也好,动物也好,都不用牺牲祭拜,仅献上鲜花、果物、柯巴脂香以及日常的善行即可。他们的民法中,没有杀人罪。他们以为,人杀人是难以想象之事。没有监牢,没有奴隶,男女共受教育7年。即出生至10岁,是和父母一起的家庭教育,7岁到14岁,14到21岁,每个人都可以学习自然科学或艺术。教育的目的,在于教导个人的精神进化。

玛雅人在学习科学的同时,也学习实践有关宇宙哲学的原理。玛雅圣书中"波波尔符",记载着从地球的创造起源到人类的历史。是一本随着页数的进行,把读者引往较高层次的读物。就因为此,玛雅人把大部分的时间用来丰富精神世界,而把物质置于次要地位。他们认为,地球是净化灵魂的初步程序,其目的在于"随着这条道路不断地向上进化"。

五、寓意深远的玛雅文字

玛雅文字最早出现于公元前后,但出土的第一块记载着日期的石碑却是公元292年的产物，发现于提卡尔。从此以后，玛雅文字只流传于以贝登和提卡尔为中心的小范围地区。5世纪中叶，玛雅文字才普及到整个玛雅地区，当时的商业交易路线已经确立，玛雅文字就是循着这条路线传播到各地的。玛雅人所使用的800个象形文字，已有1/4左右为语言学家解译出来。这些文字主要代表一周各天和月份的名称，以及数目字、方位、颜色乃至神的名称。大多记载在石碑、木板、陶器和书籍上。书籍的纸张用植物纤维制造，先以石灰水浸泡，再置于阳光下晒干，因而纸上留下一层石灰。虽然现代还有200万人在说玛雅话，而且其文字中一部分象形和谐音字很像古埃及文字和日本文字，可能可以比较出其中的异同来，但我们对整个玛雅文字的解译，依然力不从心。

　　人们自1970年开始对玛雅文进行解读的工作，但迄今都未能完全解读。玛雅文主要刻在神殿的石碑及墙上，记录着国王的诞生、上任、战争等重要事件。可惜这些过文字经多年的侵蚀，墙上或碑上的文字已经磨损，解读工作并不容易，再加上西班牙人侵玛雅时烧毁了大量书籍，以致玛雅文的原文非常少，而且字形奇特，解读工作难以有所进展。玛雅文的文字纵写，与中国的汉字一样有表音与表意的功用。

　　1963年，苏联语言学家瑞·克洛鲁夫成功地将碑文分门别类，以统计学的方式来处理和分析，从这些不同的类别中，归纳出了相同的象形文字。玛雅文字不像英文那样用26个罗马字母组成，而是每个文字都有四个音节。克洛鲁夫终于成功地看懂了几个文字。接着，俄罗斯数学研究所的斯尔·索伯夫和巴基·由斯基洛夫，使用电脑，利用庞大的资料文字（约10万字）成功地解读了一些文

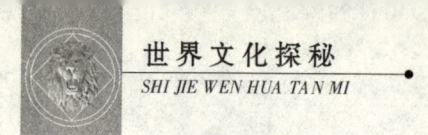

章。如德勒斯基的古文书有月食、星星的运行、结婚等记载；马德里的古文书中有农耕、狩猎和雕刻等记录；巴黎的古文书则记载历史的真相。总之，基本的内容有宗教仪式、气象现象和农作物等。

六、令人惊讶的玛雅数学和历法

在公元前1000年前，由简朴的农渔社区发展出辉煌的文化，玛雅人以几近零误差和令人惊异的正确度设计并建设了太阳和月亮等神殿。古代玛雅人的数学和天文学的优越令人非常惊讶，世界上最早发明"零"的民族是玛雅人，比阿拉伯商队横越中东沙漠并把这个概念从印度带到欧洲的时候早1000年。希腊人擅长发明，但他们必须用字母来写数目；罗马人虽然会使用数字，但只能用笨拙的图解方式以4个数字来代表"Ⅷ"；而玛雅人却能够发明一种仅使用3个符号——一点、一横、一个代表零的贝形符号——来表示任何数字的计算法，实在是不可思议！

现代算术发展于印度和中东，以"十进位"法求出所需之数目，而玛雅人在那时已知相对值的用处及"二十进位"法。他们把大数目以纵行表示，从最下面起朝上念，垂直进位，由1而20，由20而400，由400而8000，由8000而160000……20以下的数目用一个象形图来表示，每一个象形图都由点和横线组成，每一点代表一，每一横线代表5，贝形图案则代表0。玛雅人已经知道0，"二十进位"法，和利用类似算盘的方法，以及用两个记号"点和线"。这两个记号，正是今天电脑的基础。这种方法，可能极易使用天文学的数字。在危地马拉的吉里瓜所发现称为石标的雕刻石柱中，记载着9000万年~4亿年的数字。

医学上，玛雅人已掌握开颅技术、制作木乃伊的技术以及草药、香的治疗法等。这种使用草药、香等的传统自然医学，墨西哥的人迄今还沿用着。

玛雅人的历法是世界上最正确的一个，许多研究玛雅文明的历史专家考证后认为，他们的编年史是自公元前3114年8月11日开始的。这一天到底代表什么意义？至今仍是一个谜。玛雅人有一套复杂的方法用来记录重要事件的日期，它是以3种不同的计时法——阳历年、金星历年和卓金历年——为基础。260天的卓金历年与阳历年连在一起，二者都包括在历时584天的金星历年之内。玛雅人建筑的金字塔、庙宇并不是为了生活需要，而是因为历法上的指示，每隔52年要建造一座有一定数目阶梯的大建筑物，一天为一阶，一道平台表示一月，直到顶端共计365天，每一块石块都与历法有关，每一座完成的建筑物都需符合天文上一定的要求。似乎他们除了宗教热忱的冲动外，并未有建造大型庙宇的意念，只因历法赋予这项义务，他们就按部就班地履行着。

玛雅人建筑的金字塔与埃及著名金字塔有所不同，埃及金字塔是空心，内部为帝王陵寝；而玛雅金字塔为实心，塔前广场是民众参加祭典的场所，塔顶则供教士们办公、居住或观察天象之用。在奇琴伊察的一座圆顶天文台，玛雅的天文学家可计算出月球的轨迹至小数点以后4位，甚至可计算出金星上的一年至小数以后3位！玛雅的天文学家在长期观测太阳和星辰的运行之后，发明了精准的历法。玛雅人称年为"哈布"（haab），一年有18个月，每个月20天，每年另加5天称为"华吉"（vazeh）。又以360天为一"吞"（tun）；20吞为一"卡吞"（katun），计7200天；20卡吞为一"巴克吞"（baktun），有144000天。最大的称为"阿劳吞"（alautun），共有230.4亿天，即6300多万年。这便是计算历法的单位，如此庞大复杂的历法，在世界其他古文明的历法中，有如鹤立鸡群，卓然生辉。

我们现在所使用的月历，一年以365.2425日计算，玛雅当时的天文学家则以365.2420日计算，根据日前最前端的天文学家计算，一年应该是365.2422日。由此看来，古代玛雅人所使用的月历，比我们现在所使用的月历更正确，其误差只不过是0.0002天，换算成秒，一年只差17.28秒。谁也不知道，古代玛雅人为何有如此正确的天文学计算方法？一个天文学家若想得到这样的数值，至少必须花费10000年以上的时间来做天体观测才有可能。玛雅文献之一的托兰斯汀古书，还记载着日食、金星的会合周期等。

玛雅人高超的数学概念，深令世人津津乐道。其数学平均数的准确程度，也深令人咋舌。据说古玛雅人曾以32又3/4年的时间，观察405次月圆，计算出32又一年等于11960天。今天天文学家以精密仪器计算的结果是11959.888天，比较之下，依玛雅人的算法，每292年才出现1天误差，即每年误差不到5分钟。他们的天文知识在高超的数学技巧的帮助之下，也有惊人的成就。以金星历来说，著名的金星公式是由玛雅人运算出来的：

（月球）$20 \times 13 = 260 \times 2 \times 73 = 37960$

（太阳）$8 \times 13 = 104 \times 5 \times 73 = 37960$

（金星）$5 \times 13 = 65 \times 8 \times 73 = 37960$

换句话说，每一种周期经过37960天后，便会相遇在一条直线上，而根据玛雅人的神话传说，那时"神祇"就会到一处宁静的休息处所，这是否象征着玛雅人由哪儿来便回到哪儿去？

所谓的金星历年，就是指金星环绕太阳一周所需要的时间，玛雅人费了384年的观察期，算出584天的金星历年（他们发觉金星在8个地球年中恰恰走了5圈，然后再重复循环，便用金星走5圈的天数除8个地球年的天数——2920，得出584天），而今日计算则为583.92天，误差率每天不到12秒，每月只有6分钟。当时绝对没有沙漏等计时仪，也没有任何天文望远镜或光学仪器，竟然能准确无比地计算出金星历年，实在是件不可思议之事。除此之外，玛雅人还有一个令我们毛骨悚然的历法，那就是卓金历。这是根据一年等于260日周期所计算出的历法，但在太阳系中，并没有适用此历的行星。那玛雅人究竟是为了什么才编卓金历？究竟有什么谜存在呢？

七、高深莫测的玛雅数字

数字，是人类生活中必然会发展出来的计数工具。但是发展出辉煌文明的古罗马人、巴比伦人、波斯人、埃及人等所用的数字体系，却都比不上深居丛林的玛雅人。在纪元前3、4世纪之间，玛雅人已发展出含有"零"的定位法，这是所有古文明所没有的现象。玛雅人为何要使用这个数字？这成为了考古学家研究的课题。

美国人艾立克乌姆兰德和克雷格乌姆兰德这两位考古学家曾用很多时间研究玛雅文明，他们的结论是：玛雅人是远古时期来地球采矿的外太空人的后裔，当时不知发生什么事故，使他们有家归不得，其后裔在缺乏物资的情况下，就沦落到被后世地球人视为原始民族的地步。后来，来自故乡星球的救难太空船终于到达了，他们便离开久居的地球，全体回到故乡星球。这种旷世的说法当然在学术界引起极大的批判，但是，相信的人也很多，因为只有这种说法才能将玛雅人的一切不能解之谜圆满解决。以此说法，数字"零"本就是外星高科技玛雅人的数学单位，流落在地球的玛雅人后裔当然也保有了。

另外，玛雅的天文和历法也比全世界的天文历法先进，且更具特色，数千年前的玛雅天文成就，实在不是现代天文学家所能理解的，例如，我们用现代仪器知道一年是 365.2422 天，而玛雅人在数千年前已测出一年是 365.2420 天，如果是"纯种"地球人，能做得到吗？现代天文学知道一个月有 29.53059 天，但位于墨西哥科潘的玛雅人早就知道一个月有 29.53020 天，另一族位于墨西哥帕连科的玛雅人也知道一个月有 29.53086 天。如此精确的数字，古玛雅人是用什么东西测出来的？若是原始民族，能用石器时代的原始工具测得如此精准吗？玛雅的计日单位更是出奇的大，考古学家已经知道的数值为：

20 日为 1 维纳尔；

18 维纳尔为 1 吞，等于 360 日；

20 吞为 1 卡吞，等于 7200 日；

20 卡吞为 1 巴克吞，等于 14 万 4000 日；

20 巴克吞为 1 匹克吞等于 288 万日；

20 匹克吞为 1 卡拉布吞等于 5760 万日；

20 卡拉布吞为 1 金奇耳吞等于 11.52 亿日；

20 金奇耳吞为 1 阿劳吞等于 230.4 亿日。

请问一个原始的农耕民族为何要发展出这么大的数字？地球上所有的民族都用不到的，现代人也用不到，这么大的数字只有一种人会用到，那就是从事宇宙航行的人才会用到。由此有的人认为，这些数学体系不是玛雅人发明的,而是他们的祖先"外星人"已知的数学,在地球上已失去使用价值,只不过经由一代一代的祭司或僧侣(更确切地说,应是玛雅天文学家)维护保存下来。因此,玛雅人是外星人后裔的说法更得到了数字上的旁证。

八、玛雅文明的崩溃

玛雅文明最大的谜是为何从热带雨林的丛林深处消失。在公元600年,整个玛雅民族离开了辛苦建筑的城池,舍弃了富丽堂皇的庙宇、庄严巍峨的金字塔、整齐排列雕像的广场和宽阔的运动场。玛雅文明开始衰败的征兆是他们不再雕刻石碑。以提卡尔而言,当地最后一块石碑完成于公元869年,整个玛雅区最后一块石碑则完成于公元909年。不但如此,神殿、宫殿等最足以代表玛雅文明的建筑也不再兴建,彩陶也不再制作,一般民众也很少兴建新房舍,城市四周的人口急遽减少,考古学家估计当时的提卡尔人口,至少减少了25%。

8世纪后,枯草蔓藤侵入住宅和市街,使那里变成了一片废园残景。究竟发生了什么重大变故,使得玛雅人抛弃了美丽的江山故国?虽然历史上也常见民族因战争而灭亡,但玛雅人的城市既不是毁于战火,也不是毁于天然灾难,这已经由历史学家证实了。据说玛雅人在公元909年的某一天,80%的人口突然明显地消失了,仅留下未建好的寺院。然后,自当天起,祖先的睿智也急速消失,遗留下来的玛雅人开始变得无知与颓废。遗留下来的人,一方面"啊咿啊咿"地叹息,一方面为大自然的神秘及执法人的消失而悲伤。

从10世纪初期开始至1492年发现美洲大陆,约600年间,中美洲的居民,深陷于因无知而起的战争,以及性与颓废的深渊中。

16世纪，西班牙人进入尤卡坦半岛之前，原来只有一种的玛雅语，已经分化成27种方言。在提卡尔遗址上，考古学家发现许多覆盖于岩石及崩坏的拱形屋顶之下的坟墓，却未发现任何修复的迹象。附近神殿和宫殿的壁画也受到严重的破坏，石雕人像的脸部多半被削掉，石碑也被移作其他建筑的建材。这些现象证实有外族入侵，而玛雅人根本来不及抵抗便溃退了。在尤卡坦半岛，玛雅人于西班牙人入侵之前，就因流行病与内乱衰亡了。可是，有关9世纪时灭亡的丛林玛雅的消灭，却至今都毫无线索可追寻。

　　当时的陶器不是突然放弃不再制作，而是放弃原来的制作方式，改制比较薄而质地更为精细的陶器。但是，这种陶器在使用不久之后，也被玛雅人放弃了，原因可能与传统支配阶层崩溃，对陶器的需求性消失有关，有一派学者认为是因为城内粮食不继。建于丛林中的玛雅帝国，在发觉此地无以维持生计后，便做了一次种族大迁徙，来到奇琴伊察定居，又绵延两个世纪才灭亡。也有学者认为，玛雅帝国外受游牧民族的袭击，内部则因发生内乱，整个帝国在遭受巨变后，溃退逃散。然而何以胜败两方面都走得无影无踪？

没有人能够找到合理的答案。

玛雅文明消失的原因众说纷纭，大多数人相信当时遭受地震、飓风的侵袭，加上人口爆炸、粮食不足、农民暴动和异族侵入等原因，造成玛雅文明的衰亡。但是，确实的答案还未出现，这个秘密的解开，有如拼图游戏一般，目前不过刚刚开始。

当多姿的玛雅文化呈现面前时，学者们都不禁为之茫然。20世纪初开始，学者们深入尤卡坦半岛的强格洛进行调查，相继地发现了玛雅遗迹，但令他们感到苦恼的却是玛雅奇怪的文字。古代玛雅人的思维似乎很规律，建筑物中必有神殿、国王以及写有建造年代和施政王（国王）名字的碑文，这些奇怪的碑文是在强格洛附近找到的。可惜并没有找到解读的方法。因为根据狄埃可·兰达所著之《历史上最愚蠢的暴行》得知，西班牙教士来到玛雅首都玛尼时，将神殿内巨大图书馆所保存的贵重古文书全烧毁了。仅仅是因为玛雅人信奉的是个不属于基督教的"邪教"，那是以信奉太阳、月亮和美洲豹为神的一种宗教。狂热的传教士将珍贵的古文书全化成了灰烬。因此对于谜一样的玛雅文化必须另找资料。就像寻找埃及的象形文字那样努力。因为玛雅文化并没有其他可相比较的文字，所以兰达更是格外地惋惜那些烧毁的古文书。

但是也有奇迹，因为竟然还有些古文书并未被烧毁，而被保存在德勒斯登、马德里和巴黎的图书馆中。这些书大概写于13~15世纪，但每一本都不完整。假若能解读这些玛雅文字的古文书，便能了解碑文的意思。虽然许多语言学者都被这些古文明吸引来了，但没有一人能全部释懂这些古书，甚至无法断定玛雅文字到底是表意文字、表音文字还是音节文字。研究碑文50年的德国博士彼锡

拉斯绝望地说:"要想了解玛雅碑文,是不可能的事。"

古格古文明之谜

充满了历史文化之谜、宗教信仰之谜、自然地理之谜的神奇之地——古格王国,让无数信徒趋之若鹜,无数向往者遐思不已。古格王国的消失,使一个具有数百年历史的王国不复存在,使一个融汇着东西方文化精华的文明从此消失。

西藏是一个充满着神秘传奇的童话世界,一个令人仰慕的高原女神。遥远的西藏西部,有一个被称为"世界屋脊的屋脊"的神秘高原——阿里高原。它地处我国西部边境,分别与克什米尔、印度、尼泊尔等国接壤,是连接中亚、南亚和东亚三大文明圈的大陆桥,也是西藏自然风光最为神奇的地方,这里有串串珍珠般晶莹碧蓝的高原湖泊;有驰名于南亚次大陆的宗教圣地神山、圣湖;这里有世界著名的鸟岛班公湖;有现代冰川的罕见景观;无数珍禽异兽出没于无尽的草原深处,苍茫的森林以其雄伟的身姿屹立于象泉河畔;黄沙落日之秀丽,白雪朝晖之壮美,编织成中国西部边疆最美的一幅图画。这一切,都远不如象泉河南岸台地上突兀着的一座残垣断壁的古堡更令人神往,她是阿里神秘古文明的见证。

20世纪30年代,意大利著名的藏学家杜齐曾沿着高原"蜀道",踏访过这方神奇的土地。但他并没有过多的考证,只是将其简单地称之为"擦巴隆寺遗址"。殊不知,它就是1000多年前,在

这荒凉偏僻的阿里高原上突然出现而又于300多年前神秘消失的古格王国都城遗址。古格王国遗址和其中大量的佛教建筑、艺术品,数量众多的碉堡、暗道、城墙、武器库等历史遗迹,构成了阿里高原文化艺术史上辉煌的篇章。阿里人类活动的历史,至少可以追溯到旧石器时代晚期。

谜一样晦暗不明的象雄,是西藏古老文化的发源地之一。在吐蕃王朝建立之前,象雄已是雄踞西藏高原的一个强大的部落联盟,其势力曾到达过波斯和阿拉伯。公元7世纪,象雄被强大起来的王国所灭。吐蕃王国的晚期,吐蕃王室内部争权夺利的斗争十分激烈。王室直系后裔吉德尼玛衮在斗争中失败,逃亡到阿里,受到布让土王的礼遇,并被拥戴为王,建立"阿里三围"和古格王国。古格王国自吉德尼玛衮在阿里建国,分封三子,复兴佛教,迎请印度高僧,整顿教义,不惜重金修建了许多著名寺院。王室成员在弘扬佛教方面更是身体力行,屡有出家修行者。西藏佛教后期的重要代表人物就是王子意希沃,他主持修建的托林寺成为古格乃至全西藏最著名的寺院之一。古格王室于藏历火龙年在托林寺举行的火龙年大法会,在藏传佛教的历史上有很大影响。当时印度高僧阿底夏也参加了大法会,大大推动了佛教在西藏的发展,古格王国在西藏的地位也因此日渐提高。

古格王室虽然笃信佛教，但一直坚持政教分离、王权至高无上的原则，这在政教合一渐成风气的西藏是较为特别的。然而，元代以来在西藏确立的政教合一的体制，不可能不对古格产生影响。在这种背景下，古格王国的喇嘛集团对政权产生了越来越大的兴趣，与王室发生矛盾也就不可避免。恰在这时，乔装打扮混入到朝圣的印度香客中的葡萄牙传教士安德拉德等人经过长途跋涉，终于到达古格王国的首都札布让。安德拉德庆幸自己的运气真是太好了，因为给国王送上一份厚礼以后，国王不仅允许他在古格传教，而且还赠巨款支持修建教堂。他以为这次确实找到了通向人口众多、地域广阔的西藏地区的门户。因此，他在给罗马天主教总会的报告中欣喜地说："上帝的力量为我们打开了进入该地的大门……"

安德拉德的到来，成为古格王室与喇嘛集团矛盾表面化的导火索。古格王室支持传教士的主要目的就是利用天主教的势力压制喇嘛，巩固王权。王室采取各种办法大力提倡天主教，因未取得民众的理解支持，不但没有取得成功，反而导致喇嘛集团的暴动。此时，与古格王国同宗的拉达克王国趁机出兵，占领了古格王国，其都城也随之变成一片废墟。古格王国结束了相传28代、长达700多年的统治。

古格王国遗址，确切地说是古格王国的都城遗址。它位于札达县城西18千米的朗钦藏布的一片高地上。遗址区南北长约1200米，东西宽六百余米，总面积72万平方米。遗址区内地形极其复杂，沟壑纵横，宛若迷宫。既有平缓的台地，也有陡峭的山崖、幽暗的洞穴，区内高差近200米。建筑遗址主要分布在象泉河南岸的一座土山上，土山南岸有一狭窄的山脊与南面的大土山相连，山的东西两侧均为深沟,有泉水流出,是古格王国遗址附近的常年水源。所有建筑依山而建,背山面水,视野开阔。从远处看,整个建筑群由下而上逐层上收,错落有序,宛若一座巨大的金字塔,蔚为壮观。

当年,吉德尼玛衮把自己的王都建在了一座覆盖着厚土的岩石山上。城堡高约200米,占地面积18万平方米,大部分建筑依山叠砌,层层而上,共分11层,有宫殿、寺庙建筑,也有民居和军事设施,宫殿建筑多集中在山顶,四周均是悬崖峭壁并有土坯砌筑的城墙保护,只有通过两条陡峭的暗道才能到达王宫。王宫内有3组建筑遗址,分别是国王处理政务、居住的处所。国王和王族的宫室小巧别致,颇具匠心。其西部建有国王"冬宫",四周环绕由土坯围砌的城墙,一条长达50米又窄又陡的曲道可直通其上,真乃"一夫当关,万夫莫开"。王宫处于整个都城的制高点,居高临下,便于观察全城,利于战时的指挥调动,同时也体现了王权至高无上、君临天下的思想意识。

阿里周围在不同时期曾经建立过不同教派的大小寺庙近百座。这些佛教建筑分布在王宫以下山坡的显著位置上,众星捧月般拱卫着王宫。佛教寺院里的壁画、塑像、雕刻乃至建筑艺术都具有西部西藏的独特风格,它不仅融会了中亚、南亚和西亚古代艺术的神韵,还吸收了中原内地和西藏地区不同的艺术风格,具有很高的历史、科学、艺术价值,是西藏古代文化的精粹,是中华民族文化的瑰宝。山的上下现存寺庙建筑六座,其中以红、白两庙最为辉煌。红白相间,为以土黄色为基调的土山平添了几分色彩。两庙为明显的藏式建筑,庙内四壁满布精美壁画,题材非常广泛,有各种佛传故事、礼佛、庆典、商旅运输、习武场面等。白庙北面墙壁上绘有一幅吐蕃历代赞普和古格王形象的画像；红庙弥足珍贵的是南壁上的一幅故事画，描绘了迎请古印度著名佛学家阿底夏的场面。从山顶上小经堂的壁画里，我们可以看到天堂里的神和菩萨，人间的裸体侍女，还有在地狱惨受酷刑的人和魔鬼。置身庙内，人们仿佛在巡游一座宏大的画廊，浓厚的宗教气息，栩栩如生的人物形象，鲜艳夺目的色彩，加之融内地、印度、尼泊尔和西亚风格于一体的绘画手法，浑然天成，给人无限的遐想。

古格壁画整体布局严谨，通常以绘制的大像或塑像为主体，两侧或四周排列着相同大小的小像；不同题材的壁画卷幅形式也各不相同：佛界人物神情、姿态丰富，很少僵化呆板，特别是佛母、度母、神母、供养天女等大多被描绘成身材修长、容貌娇美的美女形象，其中的一些可以说是佛教壁画中最优美的人体画像；世俗生活题材的壁画更是多姿多彩，许多都是画匠的即兴之作。

古格是个尚武的王国，在遗址内有暗道、碉堡、武器库，还有城墙。古格人依靠强大的军事实力造就了雄踞一方的王国，最终却又让战争葬送了自己。无数个岁月过去了，今天，人们仍然可以在这块沉睡了300年的秘境上发现许多散乱的盔甲、马骨、盾牌和箭杆。传说，在与拉达克人的战争中，两军决战的场面尤为惨烈，杀声震天，刀光闪烁，尸横遍野，血流成河。强悍的拉达克人灭掉了自己的兄弟之国后，却没有在这片血染的土地上立脚，为了防止古格人卷土重来，他们在胜利的狂欢中把这座城堡变成了一片废墟。

罗马古文明之谜

大家都知道，罗马帝国时代的角斗场，是一个由男人和血腥构成的世界。那么，角斗场上有没有女性的身影呢？对于这个问题，人们通常会把它当做一个笑话而不会认真考虑。

然而，最近英国考古学家找到了意想不到的收获，他们在一个古墓遗址里的一些发现证明：古罗马有女角斗士！

这个古墓遗址位于英国伦敦附近的小城哈利卡纳苏斯，考古学家在墓地的沙土里挖出一个古罗马神秘女人的遗骸，同时出土的还有一个大理石雕，上面刻着两位女性角斗的形象：她们衣饰整齐，肌肉健硕，手执利刃和盾牌，摆出了一副决一死战的架势。同时她们的名字——阿奇丽娅和亚马逊也被作者怀着尊崇之情刻在了上面。

当这块在哈利卡纳苏斯出土的，饱经风霜但仍异常精美的石雕开始在伦敦大英博物馆展出时，立即吸引了众多的目光。阿奇丽娅和亚马逊是迄今为止发现的唯一两个被雕刻在石头上的女角斗士。

此前，考古学家们对古罗马是否真的出现过女角斗士的问题一直存在严重分歧，因为在此之前没有任何文物可以佐证女角斗士的存在，就连古马罗作家们的焦点也几乎全都集中在男角斗士身上，描述女角斗士血战的场面少之又少。

古罗马的角斗士一般是成对出现在观众面前，而且角斗持续的时间很短，平均只有 15 分钟。阿奇丽娅和亚马逊参加的只是角斗的其中一种方式，她们的短剑是用来刺对方的，开始时剑藏在盾牌后，当对手倒地或失去平衡时，再掏出短剑发动最致命的一击。这种角斗方式实际上更加刺激。

那么，角斗士为何要戴面具呢？

有关专家认为，戴上面具的角斗士看上去像个魔鬼，很可怕，很有震撼力，观看起来也更具神秘感，而且角斗比赛的赞助者常常从同一个角斗团里挑选角斗士，他们平时在一起生活，彼此都非常熟悉，有些甚至成了好朋友。面具将他们的真实身分隐藏起来，他们就会无所顾忌地搏杀。

众所周知，公元 1 世纪，中国的蔡伦发明了造纸术，大大促进了人类的文明进程。那么在造纸术发明之前，在真正的纸张出现之前，古罗马人是用什么来书写的呢？

各国文化人写字的用具和方式真是五花八门：中国人最先是将象形文字刻在甲骨上，然后是刻铸于铜器上，后来用笔写在丝绢上，称为"帛书"；而古埃及人把字写在采自尼罗河畔的一种芦草上，后人称之"纸草书"；古印度人则把椰树叶压平、剪裁整齐，用以记事，并称为"树叶书"；西亚两河流域的先人则是将文字在泥板上刻好后，再放到火上烧制而成"泥版书"……

而古希腊、古罗马人则是将小牛皮或羊皮加工制作成"皮纸"，当作高级书写材料。皮纸是由专门的工匠制作，工匠首先把胎牛皮、小牛皮或羊皮加工鞣制，使其软化，然后用器具刮上面的附属物，使组织表面平整光滑，而且柔韧稀薄，人们习惯把它叫"羊皮纸"。

当时还没有出现正式的笔，所以人们就用羽毛或芦管当笔，蘸了墨水之后把字写在羊皮纸上，然后装订成册。由于没有纸张印刷业，古代的人看的书是手抄本的，谁要是想得到一本书，就只有去抄写了，当时的富贵之家都有抄书的奴隶。也是这种方式，历史上许多珍贵的书籍才得以广泛流传。

另外，为了便于保存和携带，聪明的古罗马人还常把厚叠的书册用木板进行上下固定，称其为"书板"，这样还可以防止乱页、掉页。据说，当时著名政治家、大学者西塞维，每次去竞技场观看角斗表演时，都随身带着"书板"，当表演项目惨不忍睹时便独自翻阅起来，读书娱乐两不误呢！

羊皮纸的使用，让罗马人发明了奇特的"蜡版书"。

蜡版书是记录古希腊、古罗马文明的重要史料。蜡版的制作方法是：先用黄杨木或其他细质木材做成小板，在木板中同部位挖出长方形凹槽，用以盛放黄色或黑色热熔的蜡，内侧上下两角（相当于当代书的订口位置）钻有小孔，然后用绳穿过小孔将许多木板串联起来，这样一册书便形成了。最上与最下的木板上不涂蜡，专用以保护里面的蜡版不受磨损——大概这便是书籍封面的最初形式了吧。

蜡版的书写工具是用金属做成的针，也有用象牙或骨头做的。这种针一端是尖的，用以在蜡版上划字；另一端则是圆的，用以修改写错的字。因为可以修改，所以蜡版可以反复使用，古罗马人多用它来记事，它还有练字、记事、写诗或记账等等多种功能。

但由于是划上去的，在蜡版上书写的字迹比较容易因为受到磨擦而变得模糊不清，而且由于使用的材料和工具比较粗糙坚硬，不便于进行精细和工整的书写，多为草书，所以许多古代蜡版字迹不易辨认。

但纸质书出现之前,蜡版书被颇为广泛地流传和使用,无论学者、诗人,还是僧侣、商人都用它。19世纪初,在挖掘庞贝城过程中曾发现一些蜡版书,其中有的是用金属和象牙作为底板和封面,做工精致,画面美丽。从这家主人的身份——银行主来推测,这种蜡版图画在当时是比较珍贵的。

据说,古罗马人发明的蜡版书在欧洲一直沿用到19世纪初。目前,在罗马以及那不勒斯城的国家考古博物馆中,都珍藏有古罗马时代的蜡版书。

下面不妨来了解一下古罗马的公共浴场,别小看这洗澡的地方,它可是当时建筑中功能、结构和施工技术最复杂的一种建筑群。浴场容纳人数很多,也像剧场那样是供民众使用的,有民众俱乐部的作用。

这种浴场在共和国后期开始出现,最初可能是从城市或神庙附近公用的某种温泉浴池转化而来,只有一两个较大的热水浴池。由于要经得住水汽侵蚀,因此该类建筑一开始便采用砖石结构,以圆形为主,屋顶也多用穹隆圆顶。

到了帝国初期,浴场规模发展得庞大而复杂,大型的皇室浴场增设了图书馆、演讲厅和商店等,还有很大的交谊厅和运动场所。

建筑一律采用砖石、水泥和拱顶等等，中央大厅高敞明亮，罗马建筑追求空间效果和华美的装饰特色与多样化的用途，配合得可谓完美无缺。

公元2世纪初，叙利亚建筑师阿波罗多洛斯设计的图拉真浴场确定了皇家浴场的基本形式：主体建筑物为长方形，完全对称，中轴线上是热水厅、温水厅和冷水厅；两侧各有入口、更衣室、按摩室、涂橄榄油和擦肥皂室、蒸汗室等；各厅室按健身、沐浴的一定顺序排列；锅炉间、储藏室和奴隶用房在地下。浴场地下和墙体内、拱顶内设有管道通热气和烟用来取暖。

以后各代修建的卡拉卡拉浴场、戴克里先浴场和君士坦丁浴场，均大体仿此建造。这几个浴场的主体建筑都很宏大：卡拉卡拉浴场长216米，宽122米，可容纳一千多人；戴克里先浴场长240米，宽148米，最多可容纳3000人。它们的温水厅面积最大，用3个十字拱覆盖，是古罗马结构技术成就的代表作之一。在各种类型拱券覆盖下的厅堂，形成室内空间的序列，它们的大小、高低、形状、明暗、开合都富有变化，对以后欧洲古典主义建筑有很大影响。

浴场的主体建筑物后面是体育场，其余三面是花园，再外面其四周都有建筑物，整个浴场占地面积很大。戴克里先浴场面积达11公顷之多。公元4世纪时，罗马城共有大型浴场11个，中小型浴室800多个。当年，千人浴场大开放时的景象热闹而诱人，大浴场是罗马贵族和自由民的交际和政治活动场所，在那里，经常有乐队在演奏乐曲，间或还有诗人和戏剧家在朗诵自己的作品。

古罗马的史书中曾记载了当时浴场的繁盛景象：

"当人们来沐浴时，总是先到冷水厅的中央浴室里，用硬木或象牙制作的刮垢器刮掉身上的污垢，而后跃入池中舒展筋骨，接着到蒸汗室中弄至全身冒汗，再下到热水池中浸泡。热水池中有引来的温泉水，为保持水的温度，在引水管下面还生着火炉。在这里，人们不管熟识与否，都彼此大声谈笑，穿梭不息的小贩叫卖着食品和饮料。也有贵族和富商来这里洗浴，由随身的奴隶帮他们脱衣、刮垢、搓背，洗完后又忙着给按摩和抹香水，满室味道刺鼻……"

但随着社会世风日下，浴场里也出现腐化堕落的现象：

"刚出现浴场时，只准男性进入，到了帝制时代开始准许女性使用，但必须分隔开来。在昏君尼禄时代，竟然准许男女混浴，一些妓女也时常混进来，浴场里一片乌烟瘴气。丑事百出、声名狼藉的男女混浴实行了五六十年，到哈德良皇帝时才明令制止……虽然罗马帝国灭亡的原因很多，但骄奢淫逸、道德沦丧亦是一个重要因素。"

帝国灭亡后，皇家办的大浴场多数遭到破坏。只有君士坦丁、戴克里先等少数浴场幸存下来。

古罗马人将盐视为珍宝，因为盐既是配餐佐料，又是治疗伤口的良药。而且正是这个原因，人们才用"盐"新创了许多词语，这些词语已成为英语的一部分。当时的"salarium"（盐钱）就是英文"salary"（薪金）一词的词源。

在正式的流通货币出现之前，古希腊人和古罗马人常用盐来购买奴隶。如果奴隶主认为他的某一奴隶不够勤快、劳动不力的话，他就会说这个奴隶："不值那么多盐。"古罗马军团还曾经用盐来支付士兵的薪饷，因为士兵们可以享受特殊津贴，多领几份盐。奴隶主评价奴隶的那句"他不值那么多盐"，若用到士兵身上，那就意味着扣他的薪水了。

罗马帝国强盛时期,所谓"条条大路通罗马",而最著名的便是"盐路"。在这条路上,罗马的远征军开进开出,商人们赶着满载盐块的牛车,从遥远的东方直奔罗马的台伯河。

自古以来,意大利人一直认为盐对人类至关重要。早在两千多年前的古罗马时期,盐和胡椒就被人们视为珍贵的商品,当客人来访的时候,主人还常以向客人敬盐来表示欢迎呢!如果客人把盐撒落在地上,那就是对主人最大的不敬。而且,如果谁将宝贵的盐碰掉了,还会被认为是要倒霉的前兆。直至今日,意大利人也仍然非常忌讳把盐撒落在地。

偶尔不小心把盐撒在了桌子上,避免倒霉的方法是在左肩膀上放一点点盐。这是古代苏美尔人、埃及人、亚述人,以及后来的希腊人的习惯做法。

对盐的尊崇以及忌讳将盐碰撒,在达·芬奇的名作《最后的晚餐》中,也生动地体现出来。犹大把盐撒在了餐桌上,预示着一场悲剧即将发生:耶稣被出卖。达·芬奇有意将广为流传的迷信揉合在作品中,使这一事件更为戏剧化了。因此这幅古典名画包括了两个凶兆:盐撒在桌子上和座中有13位客人。

根据《圣经》记载，耶稣遇难的"最后的晚餐"共有13个人就餐，基督教徒因此认为罗马"13"这个数是不吉利的。意大利人至今仍十分忌讳"13"这个数字，举办宴会时，宴请的人数要避免13人；饭店、宾馆里没有13号房间；电车、公共汽车也没有第13路车。

此外，耶稣被钉在十字架的"受难日"是星期五，亚当和夏娃被逐出乐园的那天也是星期五，所以星期五也被视为不吉利。意大利人在安排宴会、聚餐等活动时，都特意避开星期五。如果星期五那天碰巧又是13号，当然办事时就更是格外地忌讳了。

意大利人非常热情好客，请人用餐时总要摆上许多名牌葡萄酒和啤酒，并热情主动地同客人碰杯。为什么一定要碰杯呢？这个碰杯的习惯来自古罗马的一个传说：

相传古罗马时最盛行的消遣娱乐方式就是奴隶的角斗表演，帝王、元老以及贵族们也常常前去观看。参加角斗的两名奴隶在正式对打之前，每人先要饮一杯酒，这是组织者鼓励奴隶奋勇拼斗的一种方式，同时也是让选手们借机诀别的，因为也许他们一会儿就将死在搏斗场上。

作为一名角斗士，并不害怕在搏斗场上牺牲，但不愿意以其他原因死掉，尤其害怕角斗对手在自己的酒杯里放毒药，所以他们在饮用酒之前都会有一个"安检"程序：就是都要将各自杯中的酒倒一点给对方，一方面排除下毒的危险，另一方面也借此增加相互的信任感。而在岁月的流逝中，这种习俗慢慢除掉了试毒这种功能，而是演变成为今日宴会上表示欢庆的碰杯仪式了。